"Una gran verdad… un gran autor… un gran libro. Por veinticinco años R. T. Kendall sirvió a Dios en las encrucijadas del mundo. Con este libro, puede usted sentarse a sus pies y asimilar algo de lo mejor que él ha aprendido."

—Dr. Gordon MacDonald
autor de *Restaura tu vida deshecha*, Casa Creación

"No hay lugar, pues, para un perdón tibio y a medias en el corazón de un verdadero creyente. Solo un perdón total bastará, y yo doy gracias a R. T. Kendall por exponer los argumentos de manera tan clara y poderosa en este libro lleno de poder."

—Joni Eareckson Tada
Presidenta de Joni and Friends

"Nada en el mundo importa más que comprender y vivir en perdón."

—Dr. Jack W. Hayford
Rector Honorario, The King´s Seminary

"Una aplicación muy útil que aborda la pregunta: '¿Cómo puedo perdonar a alguien que continúa pecando contra mí?'. Este libro está lleno de verdad liberadora —que tanto se necesita— para el mundo entero."

—Cliff Barrows
Billy Graham Crusades

"Rara vez en la vida uno tiene la oportunidad de tratar verdades de tal magnitud como las presentadas por R. T. Kendall en *Perdón total*. La aplicación de esas verdades a nuestras vidas sanará familias, iglesias y aun matrimonios. Desearía que R. T. Kendall pudiera haberlo escrito hace una década."

Fundador y Presidente Strea

T0188472

"Me faltarían las palabras para alabar a Dios lo suficiente por darme el privilegio de leer el libro del Dr. R. T. Kendall sobre el *Perdón total*.

Sentía la más gozosa bendición a medida que leía cada palabra, cada experiencia personal y cada increíble revelación de la Palabra de Dios. Este libro me ayudó, y ayudará a todos los lectores, a alcanzar el punto que yo siempre había anhelado: perdonar totalmente a todo aquel que alguna vez ha intentado herirme y destruir mi ministerio de llevar el poder de sanidad de Dios a mi generación y construir para Él una universidad basada en su autoridad y en el Espíritu Santo.

He sido golpeado por enemigos del poder liberador de Dios *en el ahora* y a veces me he tambaleado por los golpes que tenían la intención de detener las poderosas señales y maravillas de Dios y la sanidad de vidas heridas y hechas pedazos. Al leer este libro, "capté" un entendimiento completamente nuevo. Yo había sentido "un espíritu de pesadez" cuando recordaba la oposición con que constantemente me enfrentaba en mi predicación y oración por la sanidad de miles de personas heridas y desesperadas. Ahora sentía como si una cálida lluvia cayera sobre mi alma, mi mente y, sí, mi cuerpo físico.

Leía unos minutos, luego me detenía y meditaba en los caminos de Dios para que yo fuera *finalmente liberado* de tener que llevar la carga de esas heridas a lo largo de los cincuenta y cinco años de ministerio intentando obedecer el llamado de Dios para mi vida. Sentía como si el hermano Kendall se sentara donde yo estoy sentado y sintiera lo que yo siento. Fue como si estuviéramos sentado el uno frente al otro a medida que él me ministrara esta palabra tan útil del Señor.

Si tuviera la elección de recibir el regalo de una gran suma de dinero o de leer este libro y ser fortalecido en mi determinación de no guardar nunca nada contra aquellas personas que parecen sentir que su misión en la vida es la de hostigar y destruir a quienes son llamados de Dios y llenos del Espíritu en su generación, con alegría escogería leer este libro que conmueve el alma. En estos tiempos de precios tan elevados, el dinero pronto se acabaría; pero las palabras de este transformador libro para ayudarme a perdonar totalmente a todos los que me han herido y dañado se quedarán conmigo para el resto de mi vida. Le recomiendo que lea cada palabra de este libro. Examine su corazón y dé gracias a medida que aprenda la fiel manera que el Señor le da de perdonar, y de seguir perdonando, hasta que usted sepa que todo su ser es nuevamente lavado por la sangre de Jesús. Gracias, mi hermano y colaborador en el evangelio, R. T. Kendall. Espero conocerle personalmente algún día."

—ORAL ROBERTS,
Fundador Universidad Oral Roberts

"El perdón total es el polo central de toda teología bíblica. Jesús no solo perdonó a la humanidad; igualmente enseñó que nosotros también debemos perdonar a los demás. Yo devoré el libro del Dr. Kendall, *Perdón total*, y me he sentado en congregaciones donde él predicaba este mensaje, observando con reverencia cómo tres cuartas partes de la audiencia se apresuraban a pasar al frente como respuesta al llamado de limpiarse a sí mismos de la falta de perdón. Históricamente, en el celo de la Iglesia por otras doctrinas, se ha dejado a un lado esta verdad. El libro del Dr. Kendall nos llama a volver a la realidad de la misericordia, la gracia y el perdón para el creyente, y luego nos desafía a reconstruir nuestra teología sobre la aplicación del perdón total a los demás. Qué diferente podría haber sido la historia del cristianismo si los Padres de la Reforma hubieran adoctrinado a la Iglesia con *el perdón a los demás* como una de nuestras mayores necesidades personales. Este libro es un paso de gigante hacia la corrección de esa disparidad. *Perdón total* revela el remedio de Dios para muchas de las enfermedades cristianas."

—CHARLES CARRIN
Word, Spirit, Power Team Charles Carrin Ministries

Este libro no es solamente una lectura necesaria; es una lectura vital. No es para los complacientes o para los cómodos, sino para aquellos que quieren vivir como Jesús y aprender a amar y a preocuparse como Él lo hace. No soy capaz de pensar en ningún otro libro más adecuado para leer este año; para usted, para mí y para nuestros amigos."

—CLIVE CALVER
Presidente de World Relief

"¡Qué libro tan poderoso y necesario! Ninguna otra realidad de la vida cristiana es tan importante para Dios como las relaciones personales. En un mundo de heridas a causa de la traición y el ataque, ningún acto cristiano es tan liberador personalmente como este. En un mundo de competición y rendimiento, ningún ejemplo de semejanza a Cristo es tan destacable como este. En una era de evangelización mundial que aborda las diferencias, ninguna necesidad será tan continua como esta... ¡perdón total!"

—DR. JOEL C. HUNTER,
Pastor Principal Northland

R.T. KENDALL

PERDÓN TOTAL

CASA
CREACIÓN
Para vivir la Palabra

Para vivir la Palabra

MANTÉNGANSE ALERTA;
PERMANEZCAN FIRMES EN LA FE;
SEAN VALIENTES Y FUERTES.
—1 CORINTIOS 16:13 (NVI)

Perdón total por R. T. Kendall
Publicado por Casa Creación
Miami, Florida
www.casacreacion.com
© 2004, 2021 por Casa Creación

Library of Congress Control Number: 2004113750
ISBN: 978-1-59185-479-1
E-Book ISBN: 978-1-62136-875-5

Desarrollo editorial: *Grupo Nivel Uno, Inc.*
Diseño interior: *Grupo Nivel Uno, Inc.*

Publicado originalmente en inglés bajo el título:
Total Forgiveness
Charisma House, Lake Mary, FL 32746 USA.
copyright © 2002 por R. T. Kendall
Todos los derechos reservados.

Nota de la editorial: Aunque el autor hizo todo lo posible por proveer teléfonos y páginas de Internet correctas al momento de la publicación de este libro, ni la editorial ni el autor se responsabilizan por errores o cambios que puedan surgir luego de haberse publicado.

Impreso en Colombia

21 22 23 24 25 LBS 9 8 7 6 5 4 3 2 1

A Melissa

ÍNDICE

PRÓLOGO

Aquí está la clase de mensaje que usted ha estado esperando. Este no es un libro que trata sobre el perdón; las librerías de toda la cristiandad están llenas de volúmenes sobre este tema tan común. Las lecciones de escuela dominical y los sermones han estado suplicando a los oyentes durante generaciones que pongan atención y practiquen esta básica virtud cristiana. El Dr. R. T. Kendall nos da la pista, en el título mismo, de esta importante obra: *Perdón total*, que es el logro del mayor desafío de Dios.

Lo que hace que este mensaje sea tan poderoso es el hecho de que se enfrenta al inevitable concepto de la totalidad. Para la mayoría de seres humanos finitos, la noción misma de un "todo" es formidable. ¿No es ese un atributo que pertenece solo a Dios? Los "omnis" —omnipotente, omnipresente, omnisciente— deben atribuirse exclusivamente a Jehová, ¿no es cierto?

¿Se va el autor a un extremo cuando postula enfáticamente que no solo debemos perdonar, sino que debemos hacerlo totalmente? No, él simplemente es bíblico. Jesús mismo dio el imperativo a sus discípulos: "Sed, pues, vosotros perfectos, como vuestro Padre que está en los cielos es perfecto" (Mateo 5:48). Ningún mandamiento en toda la Escritura podría ser más explícito. ¿Está usted perdonando totalmente... completamente... profundamente... absolutamente... incondicionalmente... enteramente... plenamente? Es así como Jesús perdona al pecador, y Él no espera menos de nosotros. Además, Él hace de ello el fundamento de nuestra vida de oración: "Si no perdonáis a los hombres sus ofensas, tampoco vuestro Padre os perdonará vuestras ofensas" (Mateo 6:15).

¿Qué mensaje podría ser más adecuado que el que nos llama hoy día —como hace este libro— a perdonar totalmente los agravios que parecen estar rasgando y separando naciones alrededor de este agitado globo? Si las variadas razas, nacionalidades y grupos étnicos que crean caos y fomentan la guerra con sus enemigos pudieran ser llevados al punto de perdonar —de perdonar totalmente— sus trágicas historias, a sí mismos, las injusticias que han sufrido en el pasado y los odios que se han endurecido convirtiéndose en idolatrías virtuales, podríamos estar en el camino hacia un mundo más pacífico.

Yo estoy de acuerdo con el Dr. Kendall en que este es su libro más importante; y estoy de acuerdo con otros que sienten apasionadamente que este es un libro que debería leerse en todo el mundo.

—Dr. James Kennedy, Ph.D.
Ministro Principal,
Coral Ridge Presbyterian Church, Fort Lauderdale, Florida

PRÓLOGO

Uno de los más grandes temas del tercer milenio será la relación entre los países desarrollados de Occidente y los países en desarrollo en el Tercer Mundo, en especial los de África. Un nuevo orden mundial ha emergido, el cual requiere una mediación global; una mediación cuyo principal objetivo sería contribuir a la solución de los conflictos étnicos dentro de los países al igual que los conflictos entre países, y también contribuir a la promoción del crecimiento económico, el desarrollo y el bienestar en el mundo. Algunos de nosotros que hemos estado implicados en la mediación práctica de esos conflictos hemos llegado a la pura comprensión de que los países, al igual que los individuos, necesitan *perdonarse* los unos a los otros por la explotación pasada y la supresión de sus vecinos más débiles. Los países de África son solo un ejemplo de esto. Para un pueblo que ha sido tan traumatizado por los estragos de la Guerra Fría y el colonialismo; para un pueblo que busca adaptarse a su historia de opresión, conflicto y desacuerdo; para un pueblo que ha llegado al fondo de la desesperación y el desaliento, *no puede haber futuro sin perdón.*

Es en este contexto que me parece que el libro del Dr. R. T. Kendall, *Perdón total*, es inmensamente adecuado y apropiado en este punto en particular de nuestra historia humana. Es un libro que toda raza y país del mundo deberían leer. Se han cometido, y se siguen cometiendo, muchas atrocidades por parte de varios pueblos en nombre de la política e incluso de la religión; estos incluyen en la actualidad los conflictos en Ruanda, Bosnia-Herzegovina, Kosovo, Irlanda, Sudán, Angola, Liberia, Somalia, Israel y Oriente Medio, por mencionar solo unos cuantos. Se necesita mucho perdón.

Es importante mirar al pasado porque, como dijo en una ocasión el gran filósofo norteamericano George Santayana: "Quienes no pueden recordar el pasado están condenados a repetirlo". Pero eso no significa que debiéramos ver el pasado con falta de perdón y amargura en nuestros corazones. R. T. Kendall nos ha enseñado mediante este libro que la amargura, a pesar de lo mucho que sintamos que está justificada, solo consumirá nuestras almas y finalmente no logrará nada. Por lo tanto, debemos aprender a perdonar, incluso si nunca perdonamos.

Nelson Mandela es quizá el mejor ejemplo en el siglo XX de un hombre que nos ha enseñado cómo perdonar. Después de veintisiete años de encarcelamiento político —el prisionero político con una condena más larga en el mundo en aquel tiempo—, él emergió sin críticas y le dijo a su pueblo que perdonara a sus opresores y se centrara en el futuro y en construir un país nuevo y unido. A pesar del trauma devastador del apartheid, Mandela escogió el camino del perdón y la reconciliación en lugar de la política de venganza y vindicación. El mundo esperaba que un horrible baño de sangre abrumara Sudáfrica, pero eso no ocurrió. Los sudafricanos llevaron a cabo una transición extraordinariamente pacífica entre gobiernos y evitaron una importante guerra étnica y racial. Yo doy gracias a Dios, que me capacitó para jugar un papel en el proceso de reconciliación y perdón.

En otra parte del mundo, el conflicto árabe-israelí ha continuado durante tanto tiempo porque está basado en la política de la retirada instantánea y mutua: un ojo por ojo y diente por diente. Pero en último término, las partes en este terrible conflicto tendrán que sentarse a la misma mesa y negociar un acuerdo de paz duradero, un acuerdo basado en dar y tomar, y basado en la reconciliación y el perdón en lugar de la justicia retributiva.

Claramente, el mundo ha estado esperando un libro como *Perdón total*, y R. T. Kendall ha hecho un gran servicio a la humanidad al escribirlo.

—Profesor Washington A.J. Okumu
Nairobi, Kenya

PREFACIO

Todo autor probablemente piense que su último libro es el mejor o el más importante, y yo no soy distinto. Este libro, de todos los libros que he escrito, es con mucho el que tiene mayor potencial para sanar el corazón humano. Es mi sincera oración que este libro sobrepase todas las expectativas de cada persona que lo lea. Está diseñado para liberar a las personas.

Quiero dar las gracias a Rob Parson, Julia Fisher, Susan Periman, Michael Schluter y Lyndon Bowring por haber leído el manuscrito. Estos amigos y amigas han sido una inestimable fuente de ánimo para mí mediante sus apropiadas sugerencias y amoroso apoyo. Mi gratitud a Sheila Penton, que mecanografió el manuscrito, a Barbara Dycus y Deborah Moss, mis editoras en Charisma House, por su paciencia y ayuda, y al equipo de Casa Creación.

El Dr. James Kennedy, ministro principal de la iglesia Coral Ridge Presbyterian Church en Fort Lauderdale, Florida, amablemente ha escrito el prefacio a la edición norteamericana. Le doy mis más sinceras gracias por su aprobación y la poderosa manera en la que ha escrito. Ambos compartimos una perspectiva teológica reformada y una profunda convicción en que los cristianos deben vivir en un perdón total. El Dr. Kennedy es el arquitecto y fundador de Evangelism Explosion (Evangelismo Explosivo), que ha causado un impacto tremendo en todo el mundo pero, en especial, en mi esposa, Louis, y en mí particularmente. Nos sentimos muy honrados de que él se haya unido a nosotros en el esfuerzo de mostrar el gozo y la bendición de vivir en perdón total.

También doy las gracias al Profesor Washington Okumu de Nairobi, Kenia, por su prefacio a la edición británica. Él fue a vernos a Londres hace unos años para decirnos que este mensaje había cambiado su vida y que incluso le había conducido a hacer lo que hizo en Sudáfrica. Sentimos que los lectores norteamericanos agradecerían su contribución. Alumno de Harvard y Cambridge, el Profesor Okumu estudió bajo el Dr. Henry Kissinger, entre otros. Ellos después se hicieron amigos y trabajaron juntos para llevar paz y reconciliación a Sudáfrica. El mayor legado del Profesor Okumu es que fue capaz de reunir al anterior Presidente F. W. de Klerk, al Jefe Mangosuthy Buthelezi y a Nelson Mandela y hacer que llegaran a la paz entre ellos cuando el Dr. Kissinger y Lord Carrington no habían podido lograrlo. Aquel fue uno de los mayores milagros del siglo XX, y el Profesor Okumu fue, casi con toda seguridad, la principal fuerza responsable de prevenir una guerra civil en Sudáfrica.

Este libro está dedicado con amor a nuestra hija Melissa. Ella sabe lo que es sufrir profundas heridas, pero también lo que significa perdonar; totalmente.

—R. T. Kendall
Key Largo, Florida, EE. UU.

DEBES PERDONARLOS TOTALMENTE.
HASTA QUE LOS PERDONES TOTALMENTE,
ESTARÁS ENCADENADO.
LIBÉRALOS, Y TÚ SERÁS LIBERADO.

—R. T. KENDALL

INTRODUCCIÓN

Nadie me había hablado nunca así en mi vida. Pero aquellas palabras, que mi amigo Josif Tson de Rumanía me dijo de forma tan inesperada, están entre las palabras más importantes que nunca nadie ha compartido personalmente conmigo. "Fieles son las heridas del que ama" (Proverbios 27:6). El número del 5 de julio de 2000 del *Daily Express* tenía un artículo con este titular: "¿Se puede aprender a perdonar?" Comenzaba con la siguiente declaración: "Guardar rencor puede detenerlo e incluso dañar su salud".[1] La escritora del artículo, Susan Pape, había entrevistado al Dr. Ken Hart, conferencista en la universidad de Leeds y que había dirigido el "primer curso del mundo sobre el perdón", un seminario diseñado para ayudar a la gente a perdonar a sus enemigos y a librarse del rencor. El rango de los participantes iba desde un esposo abandonado hasta víctimas de robo e intimidación. Todos tenían una cosa en común: Estaban enojados y amargados, y querían venganza.

Hasta donde yo sé, ese no era un curso cristiano. Evidentemente, era el caso de personas que hacían algo bíblico sin siquiera darse cuenta de ello. Es una indicación de que el mundo está comenzando a reconocer los méritos de un estilo de vida de perdón. Desgraciadamente, los cristianos puede que se estén quedando atrás; yo mismo fui alguien que era incapaz de perdonar durante una gran parte de mi vida. La mayoría de nosotros pasaremos por momentos en nuestras vidas en los que seamos empujados hasta nuestros límites con respecto a cuánto somos llamados a perdonar. Recuerdo lo que me ocurrió a mí con mucha claridad. Había hecho el voto de no volver a contar esta historia, pero baste decir que nunca había sido herido tan profundamente, antes ni desde aquello. El mal que creo que me hicieron afectó a cada área de mi vida: mi familia, mi ministerio y mi sentido de valía propia. A veces me sentía como Job cuando él clamaba: "No he tenido paz, no me aseguré, ni estuve reposado; no obstante, me vino turbación" (Job 3:26); o como David cuando oró: "Respóndeme pronto, oh Jehová, porque desmaya mi espíritu; no escondas de mí tu rostro, no venga yo a ser semejante a los que descienden a la sepultura" (Salmo 143:7). Dudo de que quienes causaron esa situación en mí tuvieran ni idea de lo que yo estaba pasando, y oro para que nunca lo sepan.

Me sonrojo al admitir que aquellas palabras de Josif Tson me fueron dichas después de convertirme en ministro de Westminster Chapel. Yo, de entre todos, no debiera haber necesitado tales palabras. Nadie debería haber tenido que decirle a un ministro maduro del evangelio de Cristo la enseñanza más obvia y fundamental del Nuevo Testamento; pero ahí estaba yo, en el ministerio de nuestro Señor Jesucristo, tan lleno de dolor y amargura que apenas podía llevar a cabo mis tareas. Casi me avergüenzo de confesar esto, pero lo comparto con usted por dos razones: la primera, para mostrar la gracia que Dios ha demostrado conmigo a pesar de mi ira y auto conmiseración; y la segunda, para alentarlo a usted a caminar en perdón hacia los demás.

Sorprendentemente, antes de la reprimenda de mi amigo, mi espíritu de falta de perdón no me había molestado mucho. Si me hubieran recordado las palabras de Jesús de que debemos "amarnos los unos a los otros" (Juan 13:35) o la petición del Padrenuestro: "Perdónanos nuestras deudas, como también nosotros perdonamos a nuestros deudores" (Mateo 6:12), yo hubiera contestado: "Claro que conozco eso". Yo suponía que como nadie es perfecto y todos pecamos cada día en alguna medida, la amargura que había en mi corazón no era peor que la transgresión de cualquier otra persona. Además, pensaba yo, Dios comprendía plenamente y sentía compasión de mis circunstancias particulares; en otras palabras, yo racionalizaba mi actitud y mi comportamiento.

Él, con compasión pero con seriedad, me reprendió y no me dejó rehusar mi responsabilidad.

Pero, misericordiosamente, el Espíritu Santo me habló aquel día por medio de las palabras de Josif. Al principio me enojé y me sentí rodeado; pero fue un momento fundamental para mí, y cambió mi vida. Nunca volví a ser el mismo.

Para ser sincero, yo solo le había contado a Josif mi problema porque pensé que obtendría compasión de un hombre al que respetaba profundamente y que yo pensaba que se pondría de mi lado. Yo esperaba que él pusiera su brazo sobre mi hombro y me dijera: "R. T., ¡tienes razón para sentirte tan enojado! Cuéntamelo todo y sácalo".

¡Pero no! Él, con compasión pero con seriedad, me reprendió y no me dejó rehusar mi responsabilidad.

Aquellas palabras me llegaron durante la mayor prueba que yo había pasado hasta aquel momento. No podía discutirlo con mis amigos ni mis familiares, pero debido a que

Josif era de Rumanía y estaba bastante alejado de la situación, pude contarle todo.

—¿Eso es todo? —me preguntó cuando hube terminado mi historia.

—Sí, eso es —dije yo.

Y entonces escuché aquellas notables palabras, dichas con acento rumano.

—Debes perdonarlos totalmente.

—No puedo —respondí.

Insatisfecho con su respuesta, intenté continuar.

—Acabo de recordarlo. *Hay* más. Lo que no te he dicho...

—R. T. —interrumpió él—, debes perdonarlos totalmente. Libéralos, y tú serás liberado.

Fue lo más difícil que me han pedido nunca que haga. Es mucho más fácil decir que poner en práctica lo que escribo en este libro. Lo repito: Fue lo más difícil que me han pedido nunca que haga, pero también lo más grande que me han pedido nunca que haga.

Una bendición inesperada surgió cuando yo comencé a perdonar: Llegó a mi corazón una paz que no había sentido por años. Fue maravilloso. Ya había olvidado lo que era aquello.

La paz de Dios había venido a mí años antes, el día 31 de octubre de 1955 cuando iba conduciendo mi auto una mañana de lunes desde mi iglesia en Palmer, Tennessee. Quienes hayan leído mi libro *The Sensitivity of the Spirit* (La sensibilidad del Espíritu, Charisma House, 2002) puede que recuerden algo de la historia. Yo iba de regreso de mi pastorado como alumno a Trevecca Nazarene College en Nashville. Cuando iba conduciendo por la carretera, pude sentir que el Señor Jesús intercedía literalmente por mí a la diestra del Padre. Nunca me había sentido tan querido. Jesús estaba orando por mí con todo su corazón. Lo siguiente que recuerdo —una hora después— era escuchar a Jesús decirle al Padre: "Él lo quiere". Escuché la voz del Padre responder: "Puede tenerlo". En ese momento, sentí como si un fuego líquido estuviera entrando en mi pecho, y recordé las palabras de Juan Wesley: "Sentí mi corazón extrañamente caliente". Sentí una increíble paz que es imposible describir. La persona de Jesús era más real para mí que cualquier otra cosa o persona que me rodeaba.

Ese sentimiento permaneció por varios meses, pero al final lo perdí. Ahora esa paz y ese sentimiento de la cercanía de Jesús comenzaba a regresar; todo porque yo estaba liberando a aquellas personas, perdonándolas, quitándolas su responsabilidad.

Sin embargo, si me permitía a mí mismo pensar sobre "lo que esas personas hicieron", me revolvía por dentro. Me decía a mí mismo: *Van a salir impunes en esto. ¡No es justo! No los van a agarrar. No se van a enterar de lo que han hecho; nadie lo sabrá. ¡Eso no está bien!* Y la dulce paz del Señor volvía a abandonarme.

Comencé a darme cuenta que se producía un interesante círculo: Cuando yo permitía que el espíritu de perdón total reinara en mi corazón, la paz regresaba; pero cuando le daba vueltas al resentimiento sobre la probabilidad de que no los agarraran, la paz me abandonaba.

Tuve que tomar una importante decisión: ¿Qué prefiero, la paz o la amargura? No podía tener ambas cosas. Comencé a ver que era yo quien salía perdiendo al abrigar mi actitud de falta de perdón. Mi amargura no estaba dañando a nadie más que a mí mismo.

Cuando estamos amargados, nos engañamos a nosotros mismos pensando que quienes nos hieren tienen más probabilidad de ser castigados mientras nosotros sigamos buscando venganza. Tenemos temor de librarnos de esos sentimientos; después de todo, si no hacemos planes para procurar que se haga justicia, ¿cómo se hará justicia? Nos hacemos creer a nosotros mismos que nos corresponde a nosotros mantener viva la ofensa.

Eso es una mentira: la mentira del diablo. "No os venguéis vosotros mismos, amados míos, sino dejad lugar a la ira de Dios; porque escrito está: Mía es la venganza, yo pagaré, dice el Señor" (Romanos 12:19). Lo único que hacemos es herirnos a nosotros mismos cuando le damos vueltas a lo que nos ha ocurrido y fantaseamos sobre cómo serán las cosas cuando "ellos" sean castigados. Además, entristecemos al Espíritu Santo de Dios, y es por eso que perdemos nuestro sentimiento de paz.

Tuve que tomar una importante decisión: ¿Qué prefiero, la paz o la amargura?

He llegado a la conclusión de que la principal manera en que entristecemos al Espíritu en nuestras vidas es abrigando amargura en nuestros corazones. Digo esto porque es lo primero que el apóstol Pablo menciona después de advertirnos que no entristezcamos, o contristemos, al Espíritu:

> "Y no contristéis al Espíritu Santo de Dios, con el cual fuisteis sellados par el día de la redención. Quítense de vosotros toda amargura, enojo, ira, gritería y maledicencia, y toda malicia. Antes sed benignos unos con otros, misericordiosos, perdonándoos unos a otros, como Dios también os perdonó a vosotros en Cristo."
> —Efesios 4:30-32

También según mi experiencia, la manera más rápida en que parezco perder la paz interior es cuando permito que la amargura vuelva a entrar en mi corazón. ¡No merece la pena! Yo tomé la decisión de tener paz interior; pero descubrí que tenía que poner en práctica esa decisión mediante un compromiso diario a perdonar a quienes me hieran, y a perdonarlos totalmente. Por lo tanto, les liberé plenamente de su responsabilidad y renuncié a este conocimiento:

* A ellos nunca les agarrarán o les descubrirán.
* Nunca nadie sabrá lo que ellos hicieron.
* Ellos prosperarán y serán bendecidos como si no hubieran hecho nada malo.

Y lo que es más, ¡yo realmente comencé a desear eso! Oré para que eso ocurriera y le pedí a Dios que los perdonara; pero he tenido que hacerlo todos los días para mantener la paz en mi corazón. Habiendo estado en ambos lados, puedo decirle esto: La paz es mejor. La amargura no merece la pena.

Escribo este libro para alentar a cualquiera que haya tenido un problema con el perdón hacia quienes le han herido, a pesar de lo profunda que haya sido la herida. Lo escribo para ayudar a esas perdonas a ver las razones reales para perdonar. Muchas personas que lean este libro habrán pasado por situaciones mucho peores que las que yo he experimentado, pero he llegado al convencimiento de que la única manera de ir más allá de la herida y avanzar en la vida es por medio del perdón total. Es mi oración que este libro cambie vidas, al igual que la mía propia fue cambiada por la amorosa reprimenda de Josif.

Estoy convencido de que este tema del perdón total se necesita quizá de forma más crucial en este preciso momento de la actualidad que casi cualquier otra enseñanza de la Biblia, y digo esto por varias razones. En primer lugar, dondequiera que predico el mensaje del perdón total hay una respuesta tremenda. Ningún otro sermón o tema del que *alguna vez* hable se acerca a la cuerda que se toca cuando comparto sobre este tema. La respuesta me dice que hay una necesidad tremenda de este mensaje, aun entre los cristianos.

En segundo lugar, cuando regreso a este tema en mi propia iglesia, incluso aunque haya enseñado sobre él solo unas cuantas semanas antes, ¡la gente responde como si nunca antes hubiera escuchado el mensaje! Este asunto de librarse de la amargura y perdonarse totalmente los unos a los otros es difícil de tratar. ¡A veces pienso que sería bueno si predicara este mensaje cada semana!

En tercer lugar, es evidente que yo mismo nunca me sentí lo bastante molesto por la falta de perdón que estaba abrigando en mi corazón. ¿Por qué? He hecho esta pregunta muchas veces. Con toda seguridad sabía que este era el mensaje de Jesús, ¿por qué, pues, no se apoderó de mí mi necesidad de perdonar? ¿Por qué necesité la reprimenda de un hombre que había vivido detrás de la Cortina de Hierro? ¿Comprendían los cristianos de la Europa Oriental el perdón de una forma en que nosotros en Occidente no la comprendíamos? ¿Por qué no enfatizamos este mensaje en nuestra sociedad?

Habiendo estado en ambos lados, puedo decirle esto: La paz es mejor. La amargura no merece la pena.

He leído cientos de sermones de los puritanos y los reformadores, pero no puedo traer a mi memoria que ellos me dijeran que debo perdonar totalmente o de otra manera entristeceré al Espíritu Santo. A pesar de lo rectos y piadosos que fueron mis padres, no puedo decir que esto fuera algo que me enseñaron conscientemente en casa. Ni un solo mentor o maestro de los que puedo recordar enfatizó esto como un estilo de vida. Por el contrario, puedo recordar que me decían: "Trátalos con desprecio". "Distánciate de ellos". "Muéstrales desprecio". "Enséñales una lección". "Deben ser castigados". O me daban otras sugerencias de ese tipo.

Una cuarta razón por la que el mensaje del perdón es tan adecuado en nuestros días es que hay un número creciente de personas informadas que han discernido recientemente la necesidad de una más amplia enseñanza sobre el tema. En un reciente número de la revista *Christianity Today* con la frase en negrita "El factor perdón" escritas de forma llamativa en la portada, el escritor Gary Thomas admite que esta enseñanza se ha pasado por alto en gran manera. Thomas cita al teólogo Lewis Smedes como uno de los primeros en enfatizar esto ¡en 1984! El Profesor Robert Enright, presidente del Internacional Forgiveness Institute (Instituto Internacional del Perdón) y que se describe a sí mismo como "católico evangélico", ha comentado que con anterioridad al libro de Lewis Smedes *Forgive and Forget* (Perdonar y olvidar, 1984), "Si se reunieran todos los libros teológicos sobre el tema del perdón de persona a persona [en oposición al perdón divino-humano], se podrían agarrar todos con una sola mano".[2] Si eso es cierto, aunque no excusa mi actitud, ayudaría a explicar mi propia falta de atención.

Algunas personas se asombran de que una doctrina que parece tan obvia en la Escritura pueda, en apariencia, permanecer dormida, sin ser enseñada durante cientos de años. Pero eso debería provocar que nosotros, quienes somos líderes de iglesias, nos arrepintiéramos no solo por descuidar el tema del perdón, sino también por no ponerlo en práctica en nuestras propias vidas. Si este tema hubiera tenido el énfasis y el estilo de vida de todos nosotros que estamos en el liderazgo de la iglesia, puede que no se hubiera producido la división, el daño y la lucha que han caracterizado a muchos círculos cristianos. Aunque muy a menudo se describen estas luchas como una batalla doctrinal por la verdad, en muchas ocasiones la cubierta es tan fina como el papel y por debajo están los celos de siempre, las mezquinas agendas y la pura humanidad que nos afecta a todos.

En quinto lugar, los científicos sociales están descubriendo que el perdón puede ayudar a conducir a la sanidad emocional e incluso física de las víctimas. A principios de los años 80 el Dr. Glen Hamden fue a la biblioteca de la universidad de Kansas y buscó la palabra perdón en el *Psychological Abstracts* (Abstractos psicológicos); no pudo encontrar ni una sola referencia. Pero las cosas están cambiando. El anterior Presidente Jimmy Carter, el Arzobispo Desmond Tutú y la anterior misionera Elisabeth Elliot han estado promoviendo una campaña de 10 millones de dólares llamada "Campaign for Forgiveness Research" (Campaña para la investigación sobre el perdón), establecida como una entidad sin ánimo de lucro que apoyará las propuestas de investigación del perdón. En 1998 la Fundación John Templeton otorgó becas de investigación para el estudio del perdón a veintinueve eruditos,[3] y uno de los principales descubrimientos de esos estudios es que la persona que más sale ganando es la persona que perdona. ¿Debería eso sorprendernos?

Aunque el perdón tiene beneficios psicológicos —e incluso físicos—, este libro no trata de los resultados de la investigación psicológica o sociológica. Trata enteramente de la enseñanza bíblica: acerca de la bendición espiritual que llega a quienes toman en serio la enseñanza de Jesús sobre el perdón total. En resumen: trata de recibir una mayor unción.

Debido a que perdonar a quienes nos han herido profundamente puede ser una tarea muy difícil —en especial cuando se destruye la confianza—, Michelle Nelson ha escogido hablar de grados, o diferentes tipos, de perdón.[4] Ella ha enumerado tres categorías:

1. *Perdón aislado* – Cuando hay una reducción en los sentimientos negativos hacia el ofensor, pero no se produce una reconciliación.
2. *Perdón limitado* – Cuando hay una reducción en los sentimientos negativos hacia el ofensor y la relación es restaurada parcialmente, aunque hay una disminución en la intensidad emocional de la relación.
3. *Perdón pleno* – Cuando hay un cese total de sentimientos negativos hacia el ofensor, y la relación es plenamente restaurada.

Yo he escogido hablar de "perdón total" aunque solo sea porque es esa la expresión que mi amigo Josif Tson utilizó conmigo. Pero este libro también trata del perdón total aun *cuando no haya una restauración de la relación*. Uno debe perdonar totalmente a aquellos con quienes no habrá reconciliación.

La persona que más sale ganando del perdón es la persona que perdona.

Aun cuando no haya reconciliación, puede haber perdón total. Esto puede aplicarse incluso al perdón de aquellos que ya no están vivos. Este perdón debe producirse en el corazón y, cuando eso ocurre, emerge la paz, con o sin una completa restauración en la relación. Lo que importa es que el Espíritu Santo pueda morar en nosotros *sin ser entristecido*, que pueda ser plenamente Él mismo. El grado hasta el cual el Espíritu Santo es Él mismo en mí será el grado hasta el cual yo sea como Jesús y practique sus enseñanzas.

PADRE, PERDÓNALOS,
PORQUE NO SABEN LO QUE HACEN.

—LUCAS 23:34

CAPÍTULO UNO

¿QUÉ ES PERDÓN TOTAL?

Todos tenemos una historia que contar. Al comenzar a leer este libro, puede que usted piense que es imposible perdonar a su esposa o esposo infiel. Puede que sienta que no puede perdonar a su abusivo padre. Puede que sienta que no puede perdonar lo que le hicieron a su hijo o a su hija. ¿Cómo podemos perdonar al líder de la iglesia que se aprovechó de su posición? ¿Y a la persona que nos mintió a nosotros o acerca de nosotros, o a la persona que creyó esas mentiras? La lista de posibles ofensas es interminable. Ahí fuera hay violadores, personas que abusan de los niños, asesinos. Muchas veces más, cerca de casa hay familiares desagradables u odiosos, y anteriores amigos que se han convertido en enemigos.

CÓMO PERDONAR A QUIENES HAN HERIDO A NUESTROS SERES QUERIDOS

Recibí una desgarradora carta de una pareja que me había escuchado enseñar sobre el tema del perdón total hace unos años. Me contaban lo que su yerno les había hecho a su hija y a sus nietos, y era una historia horrible. "¿Nos está usted diciendo que debemos perdonar totalmente a nuestro yerno?"—preguntaron. Esa era una pregunta difícil de responder; pero tenía que decirles la verdad: Sí, ellos deben aprender a perdonar. Mi corazón estaba con ellos. Solo soy capaz de imaginarme el dolor que ellos han experimentado; pero el perdón total es la única manera en que ellos llegarán a encontrar libertad y liberación de la ofensa.

He recibido muchas otras cartas que describen todo tipo de cosas, desde infidelidad, incesto o violación hasta mentira y muerte. Es suficiente para hacerme considerar de manera muy cuidadosa lo que predico y escribo en este libro. Las personas experimentan verdadero dolor cuando ellos o alguien a quien quieren son heridos por otra persona. A menudo es más difícil perdonar cuando quien ha sido herido es alguien a quien usted quiere profundamente, en especial su hijo o hija. Para mí es mucho más fácil perdonar lo que las personas han dicho de mí o me han hecho personalmente que lo que dicen o hacen a mis hijos.

No es distinto a lo que Corrie ten Boom tuvo que hacer: tener que perdonar al guarda de la prisión que fue muy cruel con su hermana Betsie. Corrie tuvo que ver cómo ese hombre abusaba viciosamente de su hermana —quien murió poco tiempo después— cuando ambas estaban en prisión por proteger a judíos en Holanda durante la Segunda Guerra Mundial. Años después, Corrie estaba sentada en la plataforma de una iglesia, preparándose para hablar en un servicio, cuando divisó a aquel mismo hombre entre la audiencia. Ella luchó en su corazón; oró desesperadamente para que Dios llenara su corazón con el amor de Jesús. Él lo hizo, pero el perdón se convirtió en un desafío cuando, después del servicio, aquel guardia dijo, con bastante poca sinceridad y con muchas palabras, lo bueno que es Dios al perdonarnos a todos. Ella se preguntó hasta qué punto él lo sentía.[1]

Por tanto, a mí me parece que es a menudo más fácil perdonar lo que nos hacen a nosotros personalmente que lo que les hacen a nuestros seres queridos. Pero sigue siendo muy difícil perdonar a quienes nos han herido directamente, en especial cuando ellos no sienten el menor remordimiento de conciencia. Si nuestro ofensor se vistiera de cilicio y cenizas como muestra de arrepentimiento, sería mucho más fácil perdonarlo.

Pero recuerde que al pie de la cruz de Jesús nadie parecía sentirlo mucho. No hubo justicia en su "juicio", si es que puede llamarse así. Una perversa alegría llenaba los rostros de las personas que demandaban su muerte: "Y ellos volvieron a dar voces: ¡Crucifícale! (Marcos 15:13). Además, "los que pasaban le injuriaban, meneando la cabeza y diciendo: ¡Bah! tú que derribas el templo de Dios, y en tres días lo reedificas" (Marcos 15:29-30). Ellos gritaban: "El Cristo, Rey de Israel, descienda ahora de la cruz, para que veamos y creamos" (Marcos 15:32).

¿Cuál fue la respuesta de Jesús? "Padre, perdónales porque no saben lo que hacen" (Lucas 23:34). Esa también debe ser nuestra respuesta.

Jesús pudo haber dicho: "Yo les perdono", pero tales palabras podrían haber sido malinterpretadas y perdidas, como echar sus perlas delante de los cerdos (ver Mateo 7:6). En cambio, Jesús le pidió al *Padre* que los perdonara, un gesto mucho más grandioso. Pedir al Padre que los perdonara mostraba que no solo Él los había perdonado y liberado de su culpa, sino que también Él le había pedido a su Padre que no los castigara ni se vengara de ellos. No fue una oración actuada; Jesús quería decir eso, ¡y fue gloriosamente contestada! Aquellos ofensores estaban entre las personas a las que Pedro se dirigió el día de Pentecostés y fueron convertidos (ver Hechos 2:14-41).

LA PRUEBA DEFINITIVA DEL PERDÓN TOTAL

La prueba definitiva del perdón total se produce cuando sinceramente le pedimos al Padre que libere de responsabilidad a quienes nos han herido, incluso si no nos han herido solo a nosotros sino también a quienes están cerca de nosotros. En el punto álgido de una de las eras más intensas en Westminster Chapel en los años 80 tuve que enfrentarme cara a cara con esta realidad. Traje a mi memoria las palabras que Josif Tson me había dicho, así que oré para que ciertas personas fueran perdonadas. Pero no sentí nada; solo pronuncié las palabras.

La prueba definitiva del perdón total se produce cuando sinceramente le pedimos al Padre que libere de responsabilidad a quienes nos han herido, incluso si no nos han herido sólo a nosotros, sino también a quienes están cerca de nosotros.

Sin embargo, después de unos cuantos momentos, fue como si el Señor me dijera: "¿Sabes lo que me estás pidiendo que haga?"

Yo pensé que conocía la respuesta a esta pregunta, y dije que sí.

Entonces Él pareció replicar: "¿Me estás pidiendo ahora que los libere como si no hubieran hecho nada malo?"

¡Eso me hizo despejarme! Necesité algún tiempo para pensar, pero mientras meditaba en sus palabras, el Señor me recordó los muchos pecados que Él me había perdonado a *mí*. Comencé a temer la posibilidad de que Él pudiera revelar —o dejar que salieran a la luz— algunas de las terribles cosas que yo había hecho.

Entonces oré humildemente: "Sí, Señor, te pido que los perdones".

Entonces Él preguntó: "¿Quieres decir que debería bendecirlos y prosperarlos?"

Una vez más necesité un poco de tiempo. Luego el Señor pareció decir: "¿Y si yo te perdono y te bendigo *a ti*, R. T., en proporción a la manera en que tú quieres que los perdone y los bendiga *a ellos*?"

En aquel momento yo estaba arrinconado, y me rendí. Comencé a orar sinceramente por que ellos fueran perdonados y bendecidos como si no me hubieran causado ninguna ofensa; pero no puedo decir verdaderamente que mi oración fuera particularmente piadosa o sin egoísmo.

Hace algún tiempo hubo una serie de televisión que describía a cristianos que habían perdonado a quienes les habían herido. El productor, que no era cristiano, fue conmovido profundamente, y dijo que aunque él podía tomar o dejar un sermón de una iglesia, no podía ignorar eso. "Algo debe estar ocurriendo en sus vidas" —dijo él. Es tan "antinatural" que una persona perdone a quienes le han herido y que desee reconciliación, que no hay mayor testimonio para los perdidos.

Este es, después de todo, el mensaje del Nuevo Testamento: "Que Dios estaba en Cristo reconciliando consigo al mundo, no tomándoles en cuenta a los hombres sus pecados, y nos encargó a nosotros la palabra de la reconciliación" (2 Corintios 5:19). "Mas Dios muestra su amor para con nosotros, en que siendo aún pecadores, Cristo murió por nosotros" (Romanos 5:8).

En una ocasión, mientras me dirigía a un grupo de misioneros en el sur de Francia, me quedé en la casa de un misionero cristiano que había sido musulmán. Me quedé sorprendido por ese cambio de vida y maravillado por su conversión. Él me contó que algunos soldados británicos le habían conducido a Cristo cuando él vivía en Madagascar; pero lo que yo quería saber realmente era lo que le había ganado para el cristianismo.

—¿Qué argumento usaron ellos? —pregunté—. ¿Qué línea de razonamiento le persuadió a usted a volverse del Islam a la fe cristiana?

Lo que más impresiona al mundo son
vidas cambiadas para las cuales no
hay una explicación natural.

—No fue lo que ellos dijeron —respondió él—; fue *quiénes eran*.

Su afirmación realmente me desafió. Me hizo ver la necedad de imaginar que vamos a ganar a personas por medio de nuestros superiores argumentos, o de nuestros grandes métodos de predicación. Lo que más impresiona al mundo son *vidas cambiadas para las cuales no hay una explicación natural*.

LA MOTIVACIÓN PARA PERDONAR PUEDE TENER UNA EXPLICACIÓN NATURAL

El productor de televisión de la serie que se enfocaba en el perdón cristiano llamó a tal reconciliación "antinatural", pero eso no es del todo cierto. La motivación para perdonar a menudo tiene una explicación natural, ya que Jesús nos habla de manera que capta nuestra atención, aunque solo sea por apelar a nuestros propios intereses: "No juzguéis, para que no seáis juzgados" (Mateo 7:1). Un motivo egoísta para no juzgar a otros es guardarnos de ser juzgados nosotros mismos.

Si el principal deseo de una persona es tener una mayor unción, y le dicen que esa unción llegará en proporción al grado en que él perdone a los demás, entonces él estará más motivado a perdonar. Yo mismo quiero una mayor unción. Si pudiera usted haber visto lo profundo de mi corazón cuando Josif Tson me aconsejó con las palabras: "Debes perdonarlos totalmente", podría haber descubierto que yo accedí porque quería una mayor bendición de Dios. Por tanto no es enteramente "antinatural" cuando alguien intenta perdonar.

Un domingo vi inesperadamente a una persona en uno de nuestros servicios que había herido gravemente a uno de nuestros hijos. Vi que estaba allí justo antes de que yo fuera a predicar, y me sentí como Corrie ten Boom debió de haberse sentido cuando divisó al guardia de la prisión en medio de la audiencia. En una ráfaga, el Señor pareció decirme: "Dices que quieres ver un avivamiento en esta iglesia; ¿y si el comienzo de un gran avivamiento se apoya en que tú perdones totalmente o no a esa persona?".

Me sentí muy mal. Me sentí egoísta. Pero tenía que tomar una decisión en aquel momento sobre si realmente quería o no un avivamiento en mi iglesia. Tuve que escoger lo que significaba más para mí: arreglarle las cuentas a alguien que había herido a uno de mis hijos o recibir la bendición del Espíritu. Opté por la segunda opción, pero mi oración seguía teniendo una explicación natural. Yo no quería tener sobre mi conciencia haber detenido la bendición del Espíritu cuando a mi alrededor otros creyentes estaban orando con sinceridad por ella.

Aún sigo luchando en esta área, pero creo que quizá —solo quizá— yo haya perdonado totalmente a esa persona. Le he pedido al Señor que la bendiga e incluso que la deje libre de su responsabilidad; pero no ha sido fácil. Perdonar totalmente a alguien no significa necesariamente que queramos pasar las vacaciones con esa persona, pero sí significa que liberamos la amargura que hay en nuestro propio corazón con respecto a lo que él o ella han hecho.

NUESTRO MANDATO ES PERDONAR

Dios nos ha dado un mandato con respecto al perdón en su Palabra:

"Antes sed benignos unos con otros, misericordiosos, perdonándoos unos a otros, como Dios también os perdonó a vosotros en Cristo."

—Efesios 4:32

"Soportándoos unos a otros, y perdonándoos unos a otros si alguno tuviere queja contra otro. De la manera que Cristo os perdonó, sí también hacedlo vosotros."

—Colosenses 3:13

Perdonar totalmente a alguien no significa necesariamente que queramos pasar las vacaciones con esa persona, pero sí significa que liberamos la amargura que hay en nuestro propio corazón con respecto a lo que él o ella han hecho.

¿Cómo me ha perdonado el Señor a mí? De manera inequívoca e incondicional. Mis pecados, que son muchos, nunca serán traídos en contra mía, y nadie ni siquiera sabrá que yo lo hice. "Cuanto está lejos el oriente del occidente, hizo alejar de nosotros nuestras rebeliones" (Salmo 103:12). Por lo tanto, se deriva que yo no debería hacer responsables a las personas por lo que me hayan hecho a mí. Yo no tendré nada contra ellos, y no les contaré a otras personas —ni siquiera a mis amigos más íntimos— lo que ellos me hicieron. Puede que usted replique: "Pero usted compartió con Josif Tson todo lo que le habían hecho". Eso es cierto, ¡y estoy muy contento de haberlo hecho! Pero no fue hecho con malicia; yo no estaba planeando comenzar una campaña de desprestigio contra nadie. Es seguro que mi actitud no fue perfecta; yo buscaba compasión, pero fui corregido con misericordia. Sin la confrontación de Josif, no estoy seguro de cuánto tiempo podría haberme mantenido en silencio. Lo único que puedo hacer es dar gracias a Dios por haberme enviado a esa persona sabia antes de que yo me destruyera a mí mismo y mi ministerio.

David debió de haberse sentido de esa forma. En aquellos años antes de ser hecho rey —cuando él era "el hombre del mañana" en tiempo de preparación— él estaba plenamente preparado para tomar venganza sobre Nabal, un hombre que se había negado a ayudarle cuando él tenía necesidad. Pero Dios envió a Abigail —justo en el último momento— para que apelara al sentido común de David:

> "Y dijo David a Abigail: Bendito sea Jehová Dios de Israel, que te envió para que hoy me encontrases. Y bendito sea tu razonamiento, y bendita tú, que me has estorbado hoy de ir a derramar sangre, y a vengarme por mi propia mano. Porque vive Jehová Dios de Israel que me ha defendido de hacerte mal, que si no te hubieras dado prisa en venir a mi encuentro, de aquí a mañana no le hubiera quedado con vida a Nabal ni un varón."
> —1 Samuel 25:32-34

Si usted tiene que contarle a otra persona lo que ocurrió —porque no puede contener el dolor—, cuénteselo solo a una, y escoja que sea alguien que no lo repetirá. Mi única esperanza es que esa persona sea tan leal a usted como Josif lo fue conmigo.

CUANDO SÍ DEBIÉRAMOS HABLAR DEL PECADO

"¿Pero y el violador?" —puede que usted pregunte. "¿Y quien abusa de los niños? "¿No debería informarse a las autoridades?".

¿Puede una persona perdonar totalmente y, sin embargo, al mismo tiempo ser quien informa de un delito? Claro que sí. El perdón total no significa que cerremos nuestros ojos a quienes continúan haciendo daño a otros. El apóstol Pablo ordenó que el hombre que cometía incesto en Corinto fuera expulsado de la iglesia para que la iglesia entera no se corrompiera (ver 1 Corintios 5:5). El violador debiera ser detenido. Debería informarse a la policía de quien abusa de los niños, o de otra manera esa persona seguirá causando daño.

El perdón total no significa que cerremos nuestros ojos a quienes continúan haciendo daño a otros.

Los tipos de ofensas con las que yo trato principalmente en este libro no pertenecen a delitos que hayan sido cometidos o a pecados escandalosos que acosen y hagan sufrir a la iglesia. La mayoría de nosotros no nos encontramos con esas situaciones diariamente. En lugar de eso, abordaré las pequeñas ofensas que ocurren en la vida cotidiana: con las que el cristiano lucha más por vencer; las que nos tientan a guardar rencor y a soñar con la venganza.

Es verdad que hay una línea muy fina entre el deseo de ver castigado a un violador o a alguien que abusa de niños porque esas personas son un peligro para la sociedad, y querer que sean llevados a prisión porque nos han herido a nosotros o a alguien a quien queremos. La víctima real del abuso está en una encrucijada particular. Cuando nosotros somos ofendidos personalmente, normalmente nos descalificamos a nosotros mismos para ser quienes quitemos la mota del ojo del otro (ver Mateo 7:5), pero una persona que haya sido violada debe ser un testigo delante de un tribunal de justicia mientras que a la misma vez debe perdonar al ofensor. ¡Eso no es fácil!

LO QUE NO ES EL PERDÓN TOTAL

Antes de avanzar más, permítame aclarar lo que no es el perdón total, y luego hablaremos de lo que es.

1. Aprobación de lo que se ha hecho

Dios nunca aprobó nuestro pecado. Él odia el pecado. En el huerto del Edén, Él se enojó con nuestros primeros padres, Adán y Eva, debido a su pecado, pero aun así les hizo vestidos de pieles y los vistió (Génesis 3:21). Ese acto de misericordia demostró su perdón, aun en aquel tiempo. Los vestidos de pieles significaban el sacrificio de sangre que sería vertida por el Redentor que había de venir.

En el Nuevo Testamento, Jesús perdonó a la mujer descubierta en adulterio, pero Él no aprobó lo que ella hizo. Él le dijo: "Vete y no peques más" (Juan 8:11).

Por tanto, Dios no aprobaba el pecado en tiempos bíblicos, ni tampoco aprueba el pecado en la actualidad. Nosotros debemos mantener un respeto y temor sanos por la justicia y el perdón de Dios: "Pero en ti hay perdón, para que seas reverenciado" (Salmo 130:4).

Al igual que Dios perdona a las personas sin aprobar su pecado, también nosotros debemos aprender que perdonar a las personas no implica que aprobemos sus malas obras.

Podemos perdonar lo que no aprobamos porque esa es la manera en que Dios ha tratado a cada uno de nosotros.

2. Excusar lo que se ha hecho

Nosotros no cubrimos los pecados de otras personas. No señalamos las circunstancias en un intento de justificar su comportamiento. Aunque es cierto que "todas las personas merecen comprensión", como dice el Dr. Clyde Narramore, eso no incluye excusar su comportamiento inapropiado.

Al igual que Dios perdona a las personas sin aprobar su pecado, también nosotros debemos aprender que perdonar a las personas no implica que aprobemos sus malas obras.

Cuando Moisés guió a los hijos de Israel por el desierto hacia la Tierra Prometida, era irritado continuamente por sus quejas. Al final, después de haber clamado al Señor acerca del problema, se le ofreció un "nuevo trato". Dios, en esencia, le dijo: "Tienes un penoso pueblo al que guiar, y ellos no te siguen muy bien. Han sido tercos y nada enseñables. Yo he decidido borrarlos de la faz de la tierra y comenzar otra vez con una nueva nación" (ver Números 14:11-12). Moisés rechazó la oferta de Dios e intercedió por el pueblo. En su oración él no excusó su comportamiento; en cambio, apeló a la misericordia de Dios: "Según la grandeza de tu misericordia, y como has perdonado a este pueblo desde Egipto hasta aquí" (Números 14:19). Y Dios los perdonó.

3. Justificar lo que se ha hecho

Justificar significa "hacer recto o justo". El diccionario *Oxford English* dice que significa "mostrar (una persona, afirmación o acto, etc.) como recto, justo o razonable". No hay manera en que el mal pueda justificarse. Dios nunca llama a algo que es malo "recto o justo", y Él no requiere que nosotros hagamos eso. En la oración de Moisés por el pueblo israelita, él no ofreció ni una pizca de justificación por el comportamiento de ellos. Al contrario, señaló a Dios que los egipcios no pensarían muy bien del poder de Dios o de su nombre si veían que Él destruía a su propio pueblo. A la vez que nos insta a perdonar, nunca debiéramos intentar hacer parecer correcto lo que es incorrecto.

4. Indultar lo que se ha hecho
Un indulto es una transacción legal que libera a un ofensor de las consecuencias de su acto, como un castigo o una sentencia. Por esa razón es que no pedimos que un violador culpable sea exento del castigo; él tiene que pagar su deuda a la sociedad, y la sociedad debe ser protegida de él.

Conozco a una mujer que fue violada por una persona de un país del Este. En el momento de la violación ella no sabía que él era extranjero; lo descubrió después de que él fuera detenido. En el tiempo intermedio, ella se convirtió en cristiana. La policía quería que ella testificara en el juicio. A ella le dijeron que a él podrían devolverlo a su país de origen, lo cual significaba que podría ser ejecutado (el castigo legal por violación en su país).

Ella vino a mí a pedirme consejo, y yo le aconsejé que testificara contra ese hombre. Ella ya le había perdonado, pero aunque no quería causarle problemas, si no testificaba es probable que él volviera a hacerlo. Cuando ella se sentó en el banquillo de los testigos no había nada de amargura en su corazón; fue capaz de describir meramente lo que había ocurrido y, como resultado, el hombre fue devuelto a su propio país. Nunca supimos lo que le ocurrió al hombre después de haber sido extraditado, pero el posible castigo al que se enfrentaba no tenía nada que ver con el perdón que su víctima le había ofrecido.

5. Reconciliación

El perdón y la reconciliación no siempre son lo mismo. La reconciliación requiere la participación de dos personas, y la persona a la que usted perdona puede no quiera verle ni hablar con usted. O puede que haya muerto desde que se produjo la ofensa; además, puede que usted no quiera mantener una relación cercana con la persona a la que perdona.

La reconciliación implica una restauración de la amistad después de una pelea. Cuando un esposo y esposa se perdonan totalmente el uno al otro, normalmente significará reconciliación, pero no siempre. La amargura y el deseo de castigar a la otra persona puede que se haya ido, pero el deseo de restaurar las cosas al mismo estado en que estaban puede que no sea necesariamente tan fuerte. Si su cónyuge le es infiel y duerme con su mejor amigo o amiga, tanto su matrimonio como su amistad probablemente nunca serán los mismos, sin importar lo genuino del perdón que se ofrece.

Una persona herida puede perdonar a un ofensor sin que haya reconciliación. Además es maravilloso si la relación puede ser restaurada, pero eso no hay que presionarlo en la mayoría de los casos. Algunas cosas nunca pueden volver a ser igual. Se necesitan dos personas para que haya reconciliación, y debe haber una disponibilidad total por ambas partes.

La reconciliación requiere la participación de dos personas.

Como nos dice 2 Corintios 5:19, Dios estaba en Cristo, reconciliando consigo al mundo. Pero seguimos implorando a la gente por causa de Cristo: "Reconciliaos con Dios" (v. 20). ¿Por qué debemos hacer eso? La reconciliación realmente no se produce hasta que ambas partes se pongan de acuerdo.

6. Negar lo que se ha hecho

Negar que se produjera una ofensa, o la represión (supresión de lo que realmente sentimos dentro) es casi siempre algo inconsciente. Algunas personas, por varias razones, viven en negación; en otras palabras, se niegan a admitir o a afrontar la realidad de una mala situación. A veces es doloroso enfrentarse a los hechos, y a veces la negación parece ser una forma fácil de escape.

La represión casi siempre tiene consecuencias negativas para nuestro bienestar psicológico. A menudo lo hacemos involuntariamente porque, en algunas situaciones, el dolor es demasiado agudo para tratarlo a un nivel consciente. Pero la represión no puede quitar la herida. Aun cuando el dolor sea enterrado en la celda de nuestra mente subconsciente, saldrá al exterior de una forma u otra, a menudo causando una alta presión arterial, nerviosismo, irritabilidad o incluso un ataque al corazón.

Muchas víctimas de abuso infantil reprimen el recuerdo de la situación. La mente consciente no puede aceptar que un padre, un amigo en quien se confía o un familiar puedan hacer una cosa así y, por tanto, la víctima a menudo vive negándolo. Las víctimas de violación experimentan el mismo fenómeno.

El perdón total no se pone en práctica mediante la represión de la situación ofensiva. El verdadero perdón solo puede ofrecerse después de haber aceptado la realidad, cuando podemos admitir: "Esta persona realmente me hizo o me dijo esto".

7. Ser ciegos a lo que ocurrió

Algunas personas, en especial quienes tienen una "conciencia demasiado escrupulosa" (como algunos puritanos pueden llamarlo), sienten que perdonar es estar ciego, de forma voluntaria y consciente, al pecado que fue cometido. Sienten que si ofrecen perdón, están cerrando los ojos, o pasando por alto la ofensa, y creen que eso, en efecto, sería excusar un pecado contra Dios.

La ceguera voluntaria es ligeramente distinta a la represión. La ceguera es una elección consciente de fingir que un pecado no se cometió; la represión normalmente es inconsciente e involuntaria.

Las dos cosas son erróneas y pueden ser psicológicamente dañinas. Cuando jugamos a tales juegos de palabras con nosotros mismos, podemos retrasar la aceptación de nuestra propia responsabilidad de perdonar. Alguien que esté intentando perdonar una ofensa, pero en realidad esté fingiendo que la situación nunca ocurrió, al final explotará y se convertirá ella misma en un ofensor; todo porque no fue fiel al dolor que hubo causado la ofensa original.

Pablo dijo que el amor "no guarda rencor" (1 Corintios 13:5), pero no quiso decir que uno debe ser ciego a las ofensas. El perdón verdadero de una ofensa no finge que no hay ofensa. La palabra griega utilizada en este versículo es *logizomai*, que significa "reconocer o imputar". En esencia, Pablo está diciendo que "el amor no almacena una ofensa"; esto es, la ofensa que fue cometida contra nosotros no va a nuestra "computadora mental" para ser reconocida más tarde. Pero no hay que negar el hecho de que *hay* algo que está mal, en especial si lo tenemos delante de nuestra cara. De hecho, la palabra griega traducida como "ofensa" en este versículo es *kakon*, que significa "maldad". Debido a que es una maldad, debe reconocerse; no podemos ser ciegos a ello. No debiéramos fingir que no ocurrió. No es eso lo que significa el perdón total.

Algunas veces, si la persona que nos hirió es una figura de autoridad o quizá sea conocida como muy "piadosa", puede que nos digamos a nosotros mismos: "No vi esto; no escuché esto. Esto no pudo haber ocurrido; por lo tanto, no ocurrió". Pero la verdad es que a veces las personas a quienes más admiramos son capaces de hacernos las cosas más dolorosas. Y no tiene ningún valor fingir que no vimos cómo ocurría.

8. Olvidar

Cuando alguien dice que debemos "perdonar y olvidar", comprendo lo que quiere decir. Esas personas igualan el verdadero perdón con el borrar el recuerdo de la situación de sus mentes. Pero olvidar literalmente puede que no sea realista, pues normalmente es imposible olvidar situaciones significativas en nuestras vidas, ya sean positivas o negativas. Algunas veces un trauma profundo puede provocar amnesia de la situación, pero esa no es una manera saludable de olvido. A menudo, el camino de regreso a la cordura después de haber experimentado ese tipo de amnesia es intentar recordar todo, y con detalle.

El amor no borra nuestros recuerdos. En realidad es una demostración de una mayor gracia cuando somos plenamente conscientes de lo que ocurrió, y aun así escogemos perdonar. Dios no olvida literalmente nuestros pecados. Él escoge pasarlos por alto. Él conoce perfectamente bien lo que hemos hecho: cada uno de los sórdidos detalles; pero escoge no recordar para no echarnos en cara nuestros pecados (ver Hebreos 8:12). Eso es precisamente lo que nosotros debemos hacer; aunque puede que no seamos capaces de olvidar, aun así podemos escoger no recordar.

En realidad es una demostración de una mayor gracia cuando somos plenamente conscientes de lo que ocurrió, y aun así escogemos perdonar.

Las heridas profundas puede que nunca sean erradicadas como si nunca se hubieran producido. La verdad es que sí ocurrieron. Pero aun cuando no podamos olvidar totalmente, no debemos quedarnos en ellas.

9. Negarse a tomar en serio la ofensa

No podemos perdonar verdaderamente hasta que veamos con claridad la ofensa que estamos perdonando y comprendamos su seriedad y gravedad.

Algunas personas pueden pensar que para perdonar deben rechazar una ofensa o descartarla como algo insignificante o sin consecuencias. Pero eso es solo evitar el problema, posiblemente intentando hacer que el perdón sea más fácil. La mayor victoria para aquel que perdona es enfrentarse a la seriedad —incluso la maldad— de lo que ocurrió y aun así perdonar.

Eso es lo que Dios hace. No hay pecado demasiado grande para que Dios lo perdone; pero Él sabe exactamente qué es lo que hemos hecho y qué es lo que Él está perdonando. Él no dice: "Vamos, querido, eso no es tan malo. Fácilmente puedo quitar *este* pecado". No. Él envió a su Hijo para morir por el pecado, y la muerte sacrificial de Cristo demuestra exactamente lo serio y grave que es el problema del pecado. Dios no descarta nuestros pecados como cosas sin consecuencias y, sin embargo, Él perdona. Totalmente.

10. Fingir que no hemos sido heridos

Es ridículo pensar que no tendríamos que mostrar ninguna emoción negativa cuando hayamos sido heridos por la infidelidad de un cónyuge... o traicionados... o molestados... o injustamente criticados.

Dios permitió a David saber lo triste que Él estaba por los pecados de adulterio y asesinato que el rey había cometido. Dios no fingió no estar herido. David era un hombre conforme al corazón de Dios (1 Samuel 13:14), y sin embargo Dios fue terriblemente imparcial con David. Ciertamente Él se sintió muy entristecido.

Jesús fue obviamente herido cuando el oficial del sumo sacerdote le golpeó en la cara; incluso le preguntó al hombre: "¿Por qué me golpeas?" (Juan 18:23). Después de todo, Jesús soportó la cruz y despreció —en lugar de negar— la vergüenza (Hebreos 12:2) Y Él pudo decir: "Padre, perdónales porque no saben lo que hacen" (Lucas 23:34).

LO QUE ES EL PERDÓN TOTAL

Ahora echemos un vistazo a lo que es el perdón total.

1. Ser conscientes de lo que alguien ha hecho y aun así perdonarlo

Como vimos anteriormente, el perdón total no es ser inconsciente a lo que un ofensor ha hecho; no es cubrirlo, excusar o negarse a reconocer lo que ocurrió. Eso sería vivir en una negación. Algunas personas escogen vivir en una negación como una forma de tratar el dolor; eso ocurre a menudo durante el periodo de tristeza y lamento que se produce cuando muere un ser querido. Pero tarde o temprano la persona que sufre debe enfrentarse a la realidad. Como dije antes, la represión no es casi nunca una cosa buena.

No es ninguna victoria espiritual pensar que estamos perdonando a las personas cuando solo estamos evitando enfrentarnos a su comportamiento erróneo. Es como si nos dijéramos a nosotros mismos: "Quiero perdonarlos, pero no creo que realmente pudiera si ellos de verdad hicieron lo que parece que hicieron". Por tanto, posponemos reconocer la verdadera ofensa para evitar experimentar el dolor, y dejamos que ellos sigan adelante como si nada hubiera ocurrido.

El perdón total se logra cuando reconocemos lo que se hizo sin ninguna negación o encubrimiento, y aun así nos negamos a hacer que el ofensor pague por su delito. El perdón total es doloroso. Nos duele cuando decimos adiós a la venganza; nos duele pensar que la persona está saliendo impune con lo que hizo y que nunca nadie lo descubrirá. Pero cuando sabemos plenamente lo que la persona hizo, y aceptamos en nuestro corazón que será bendecida sin que haya ninguna consecuencia de su maldad, cruzamos a una esfera sobrenatural. Comenzamos a ser más semejantes a Jesús, a cambiar a la imagen de Cristo.

2. Escoger no guardar las ofensas

El amor "no guarda rencor" (1 Corintios 13:5). ¿Por qué no perdemos de vista las veces en que somos ofendidos? Para utilizarlas. Para demostrar lo que ocurrió. Para menearlas delante de alguien que dude de lo que haya ocurrido en realidad.

Un esposo puede que le diga a su esposa en un momento de enojo: "Recordaré esto". ¡Y lo hace! Ella puede que le diga a él: "Nunca olvidaré esto". ¡Y no lo olvida!

El perdón total es una elección, no es
un sentimiento —al menos al principio—
sino un acto de la voluntad.

Muchos matrimonios podrían ser sanados de la noche a la mañana si *ambas* partes dejaran de señalar con su dedo. Culpar a los demás ha sido un problema común a lo largo de la historia de la humanidad, pero Dios bendice a quien quita el dedo amenazador (Isaías 58:9).

El amor es una elección. El perdón total es una elección. No es un sentimiento —al menos al principio— sino un acto de la voluntad. Es la elección de destruir la lista de ofensas que hemos estado guardando. Vemos con claridad y reconocemos la maldad que nos ha sido hecha, pero la borramos —o destruimos la lista— antes de que se quede guardada en nuestro corazón. De esta manera el resentimiento no tiene oportunidad de crecer. Cuando desarrollamos un estilo de vida de perdón total, aprendemos a borrar la ofensa en lugar de almacenarla en nuestra computadora mental. Cuando hacemos eso todo el tiempo —como estilo de vida—, no solo evitamos la amargura sino que también llegamos a experimentar el perdón total como un sentimiento; y es un buen sentimiento.

3. Negarse a castigar

Negarnos a castigar a aquellos que lo merecen —renunciar al deseo natural de comprobar que "obtienen lo que les llega"— es la esencia del perdón total. Nuestra naturaleza humana no puede soportar la idea de que alguien que nos hiere profundamente salga impune con lo que ha hecho. ¡Nos parece tremendamente injusto! Queremos venganza; es decir, su justo castigo. Pero el temor a que la persona no sea castigada es lo contrario al perfecto amor. Por eso Juan dijo:

> "En el amor no hay temor, sino que el perfecto amor echa fuera el temor; porque el temor lleva en sí *castigo*. De donde el que teme, no ha sido perfeccionado en el amor."
> —1 Juan 4:18, Énfasis del autor

Si abrigamos el deseo de ver castigados a nuestros enemigos, al final perderemos la unción del Espíritu. Pero cuando el perfecto amor —el amor de Jesús y el fruto del Espíritu Santo— entra, el deseo de que nuestro enemigo sea castigado se va. El perdón total es negarse a castigar; es negarse a refugiarse en el temor a que esa persona o personas no reciban el justo castigo: el castigo o reprensión que creemos que merecen.

Yo me he sentido intrigado por la afirmación de Juan de que el temor "lleva en sí castigo". A veces tememos que Dios no intervenga y les dé a nuestros enemigos su merecido. Pero si uno cede a este temor, estará traspasando el territorio de Dios, y a Dios no le gusta eso. La vindicación es prerrogativa de Dios, y solo de Él. Deuteronomio 32:35 nos dice: "Mía es la venganza; yo pagaré". Este versículo incluso se cita dos veces en el Nuevo Testamento (Romanos 12:19; Hebreos 10:30). La vindicación es lo que mejor hace Dios. Él no quiere nuestra ayuda; por tanto, cuando nos negamos a ser instrumentos de castigo, a Dios le gusta, y eso le da a Él la libertad de decidir lo que hay que hacer. Pero si nosotros buscamos la manera de entrar en el proceso, Él bien puede dejarnos hacer lo que queremos; en ese caso, no se hará ni venganza divina ni verdadera justicia; solo se producirá la satisfacción de nuestro rencor personal.

Es importante que nos examinemos a nosotros mismos en esta área. Debemos preguntar: "¿Cuánto de lo que voy a decir o a hacer es solo un intento de castigo?". Si el castigo es nuestra motivación, estamos a punto de entristecer al Espíritu Santo, a pesar del derecho que pueda estar de nuestro lado.

4. No contar lo que se hizo

A menudo existe una necesidad de contarle a alguien cómo hemos sido heridos, y eso puede ser terapéutico si se hace con la correcta actitud de corazón. Si eso es necesario, usted debería escoger con mucho cuidado a la persona a la que se lo cuenta, asegurándose de que la persona es digna de confianza y que nunca repetirá su situación a quienes no les concierne.

Cualquiera que perdona verdaderamente, sin embargo, no cuenta chismes sobre su ofensor. Hablar de la manera en que usted ha sido herido con el propósito de dañar la reputación o credibilidad de su enemigo es solo una forma de castigarlo. La mayoría de nosotros no hablamos de lo que sucedió por razones terapéuticas, sino más bien para evitar que nuestro enemigo sea admirado. Divulgamos lo que esa persona hizo para que otros tengan un concepto menos elevado de ella. Eso es un intento de castigar, lo cual es usurpar el campo de acción de Dios.

Cuando traigo a mi mente que el perdón total es perdonar a los demás como yo he sido perdonado, recuerdo que:

- Yo no seré castigado por mis pecados.
- Nadie conocerá mis pecados, porque todos los pecados que están bajo la sangre de Cristo no serán expuestos ni reprochados en mi contra.

Por lo tanto, cuando suelto lo que otra persona me ha hecho, parece que estoy olvidando que Dios no contará lo que yo le hice a Él. Él me ha perdonado mucho, y no se lo contará a nadie. Por tanto, cuando hablo de mi enemigo, estoy mostrando desprecio por mi propio perdón.

Sé que he dicho que por razones terapéuticas podemos compartir con otra persona el mal que hemos sufrido. Yo creo que mi conversación con Josif Tson encaja en esa categoría. No hay duda de que ese encuentro ha hecho que las cosas obren para mi bien (Romanos 8:28); y, sin embargo, lo gracioso es que si yo hubiera tenido la luz y el conocimiento que ahora tengo sobre este tema, puede que nunca le hubiera contado nada a Josif. Si usted comparte su dolor y sus ofensas con otra persona, examine sus motivos y asegúrese de que no lo está haciendo para castigar a nadie haciéndolo parecer malo. Como dijo Iago en el *Otelo* de Shakespeare:

> Quien me roba la bolsa, roba basura; es
> Algo, nada;
> Era mío, es suyo, y ha sido esclavo de miles;
> Pero quien me roba mi buen nombre
> Me quita aquello que a él no le enriquece,
> Y verdaderamente a mí me empobrece.[2]

5. Ser misericordioso

"Bienaventurados los misericordiosos, porque ellos alcanzarán misericordia" (Mateo 5:7). La Biblia dice básicamente dos cosas sobre Dios:

- Él es misericordioso.
- Él es justo.

El corazón del evangelio está relacionado con estas dos características. Debido a que es misericordioso, Dios no quiere castigarnos; debido a que Él es justo, debe castigarnos porque hemos pecado contra Él. Por tanto, ¿cómo pueden satisfacerse esos dos aspectos de Dios al mismo tiempo?

La respuesta es el centro mismo del mensaje del evangelio: Él envió a su Hijo Jesucristo —el Dios-hombre— a morir en la cruz por nosotros. "Todos nosotros nos descarriamos como ovejas, cada cual se apartó por su camino; mas Jehová cargó en él el pecado de todos nosotros" (Isaías 53:6). Debido a que Dios castigó a Jesús por nuestros pecados, puede ahora ser fiel a sí mismo y seguir siendo misericordioso con nosotros.

Ejecutar el castigo también pertenece sólo a Dios.

Cuando nos dicen que seamos piadosos —lo cual significa ser semejantes a Dios—, eso no conlleva que podamos ser como Él en todos los sentidos. Después de todo, Dios es omnipotente (todopoderoso), y a nosotros no se nos manda ser eso. Él es omnipresente (presente en todas partes), y nosotros nunca podremos hacer eso. Ejecutar el castigo también pertenece solo a Dios.

Cuando se trata de ser misericordiosos, ese es el mandato de nuestro Señor: "Sed misericordiosos, como también vuestro Padre es misericordioso" (Lucas 6:36). En el idioma griego, la misericordia es lo contrario de ira o justicia. Una diferencia entre gracia y misericordia es que gracia es obtener lo que *no* merecemos (favor), y misericordia es no obtener lo que *sí* merecemos (justicia). Por tanto, cuando mostramos misericordia, estamos reteniendo la justicia de aquellos que nos han herido, y ese es un aspecto de la piedad.

Hay un beneficio adicional para aquellos de nosotros que mostremos misericordia: También alcanzaremos misericordia (Mateo 5:7). Esto muestra, una vez más, que el perdón total no está vacío de interés propio. "A su alma hace bien el hombre misericordioso" (Proverbios 11:17).

6. Gracia

El perdón verdadero muestra *gracia* y *misericordia* al mismo tiempo. Hay una interesante palabra griega, *epieikes*, que significa "soportar", "tolerancia". Viene de la raíz que significa lo contrario a ser excesivamente riguroso. En la literatura helenística, Aristóteles lo contrastó con juzgar severamente. La idea era: No hacer una rigurosa afirmación contra el enemigo aun cuando uno lleve claramente la razón.

La gracia se muestra por lo que no se dice, incluso si lo que pudiera decirse fuera verdad.

En Filipenses 4:5 esta palabra se traduce como "gentileza". Implica un acto de gracia extremadamente raro. Traspasa el espíritu legalista, el cual nos sale de forma natural a la mayoría de nosotros. Este concepto es bastante amenazante para aquellos que no sufren a los necios con alegría, quienes sienten que ser inflexible por causa de la verdad es la mayor virtud. Pablo utilizó esta palabra en el contexto de una riña familiar en Filipo: "Ruego a Evodia y a Sintique, que sean de un mismo sentir en el Señor" (Filipenses 4:2). Ojalá cada una de ellas hubiera mostrado gracia. Ambas tenían personalidades fuertes, y cada una probablemente tuviera sus razones; cada parte estaba segura de tener la razón, y cada una quería hacer parecer mala a la otra. "Intenten mostrar gracia", les dice Pablo. Es una virtud inusual.

Gracia es una palabra que describía a Jesús todo el tiempo. Cuando un grupo de líderes religiosos fariseos llevaron a una mujer a Jesús, que había sido descubierta en el acto mismo de adulterio, no había duda de que se había producido un pecado. ¿Pero cuál fue la actitud de nuestro Señor? Gracia. Ellos querían ver si Él la castigaría con todo rigor.

"Y como insistieran en preguntarle, se enderezó y les dijo: El que de vosotros esté sin pecado sea el primero en arrojar la piedra contra ella."

—Juan 8:7

Después de que los acusadores se hubieron ido:

"Enderezándose Jesús, y no viendo a nadie sino a la mujer, le dijo: Mujer, ¿dónde están los que te acusaban? ¿Ninguno te condenó? Ella dijo: Ninguno, Señor. Entonces Jesús le dijo: Ni yo te condeno; vete, y no peques más."

—Juan 8:10-11

En este caso, no había duda de que se había producido un pecado, pero la actitud de nuestro Señor fue la de mostrar gracia.

Gracia no es la manera en que se ganan las elecciones presidenciales. Un anterior director de la campaña presidencial afirmó dos hechos:

• Los candidatos con mayores porcentajes negativos en los sondeos de opinión —por encima del 35%— pierden.
• Es mucho más fácil crear porcentajes negativos que positivos.

En otras palabras, ganar no es suficiente para parecer bueno; uno también debe hacer parecer malo a su oponente. Y desgraciadamente funciona.

Pero mostrar gracia es retener ciertos hechos que uno sabe que son verdad, con el propósito de no manchar la reputación de su enemigo. La gracia se muestra por lo que *no* se dice, incluso si lo que pudiera decirse fuera verdad. A las personas farisaicas les es casi imposible mostrar gracia; afirman siempre estar tras "la verdad", sin importar lo que cueste. El perdón total a veces significa pasar por alto lo que usted percibe que es la verdad y no revelar nada que pudiera dañar a la otra persona.

7. Es una condición interna

El perdón total debe tener lugar en el corazón, pues si no es así es inútil, porque "de la abundancia del corazón habla la boca" (Mateo 12:34). Si no hemos perdonado verdaderamente a aquellos que nos han herido en nuestros corazones, saldrá tarde o temprano. Pero si se ha llevado a cabo de verdad en el corazón, nuestras palabras lo demostrarán. Cuando hay amargura, al final se manifestará; cuando hay amor, "en él no hay tropiezo" (1 Juan 2:10).

En última instancia, el perdón total trata de la confianza hacia Dios; Él es al único que quiero agradar a fin de cuentas.

Por eso la reconciliación no es esencial para el perdón total. Si el perdón se produce verdaderamente en el corazón, uno no necesita saber si su enemigo se reconciliará. Si yo le he perdonado en lo profundo de mi corazón, pero él sigue sin querer hablar conmigo, yo aún puedo tener la victoria interior. Puede que sea mucho más fácil perdonar cuando sabemos que aquellos que nos hirieron o nos traicionaron sienten lo que hicieron, pero si yo debo tener ese conocimiento antes de poder perdonar, puede que nunca tenga la victoria sobre mi amargura.

Quienes creen que para ellos no es un requisito perdonar a menos que su ofensor primero se haya arrepentido, no están siguiendo el ejemplo de Jesús en la cruz.

"Y Jesús decía: Padre, perdónalos, porque no saben lo que hacen. Y repartieron entre sí sus vestidos, echando suertes."

—Lucas 23:34

Si Jesús hubiera esperado hasta que sus enemigos sintieran algo de culpa o de vergüenza por sus palabras y actos, Él nunca los hubiera perdonado. Es mi experiencia que la mayoría de las personas a quienes debemos perdonar no creen haber hecho nada malo en absoluto, o si creen que hicieron algo mal, piensan que estuvo justificado. Incluso me atrevería a decir que al menos el noventa por ciento de todas las personas a las que yo he tenido que perdonar se sentirían indignadas solo por pensar que hubieran hecho algo malo. Si se les sometiera a un detector de mentiras, ellos dirían con sinceridad que no habían hecho nada mano; y pasarían la prueba con nota.

El perdón total, por tanto, debe producirse en el corazón. Si yo tengo una genuina experiencia en mi corazón, no seré destruido si no se produce una reconciliación. Si quienes me hicieron daño no quieren continuar una relación conmigo, no es mi problema porque yo los he perdonado. Es por eso también que una persona puede alcanzar paz interior aun cuando perdona a alguien que ya ha muerto. El apóstol Juan escribió: "Amados, si nuestro *corazón* no nos reprende, confianza tenemos en Dios" (1 Juan 3:21, énfasis del autor). La confianza en Dios es, en última instancia, de lo que trata el perdón total; Él es el único a quien yo quiero agradar a fin de cuentas. A Él le importa y sabe si yo he perdonado de forma verdadera y total, y cuando yo sé que tengo su amor y aprobación, soy un siervo de Cristo muy feliz y contento.

8. Es ausencia de amargura

La amargura es una enfermedad interior. Es un deseo excesivo de venganza que proviene de un profundo resentimiento. Encabeza la lista de cosas que entristecen al Espíritu de Dios (ver Efesios 4:30). Eso se convirtió en la preocupación de Esaú (ver Génesis 27:41), y es una de las causas más frecuentes de que las personas dejen de alcanzar la gracia de Dios. "Mirad bien, no sea que alguno deje de alcanzar la gracia de Dios; que brotando alguna raíz de amargura, os estorbe, y por ella muchos sean contaminados" (Hebreos 12:15). La amargura se manifestará a sí misma de muchas maneras: ataques de ira, alta presión arterial, irritabilidad, problemas del sueño, obsesión con obtener venganza, depresión, aislamiento, una perspectiva negativa constante, y en general un sentir de malestar.

Abandonar la amargura es una invitación abierta para que el Espíritu Santo le dé su paz, su gozo y el conocimiento de su voluntad.

Debemos, por lo tanto, comenzar a librarnos de un espíritu de amargura y falta de perdón; de otra manera, el intento de perdonar fracasará. Es cierto que hacer las cosas correctas, aun cuando uno no sienta hacerlas, puede conducir finalmente a que se tengan los sentimientos correctos. Pero el acto mismo de intentar actuar correctamente demuestra que la amargura no es tan profunda como podría ser. En otras palabras, si alguien se siente amargado pero comienza a poner en acción el principio del perdón total, eso demuestra que él o ella no está totalmente controlado por la amargura, pues si así no fuera, él o ella ni siquiera comenzarían a hacer lo que es correcto. La ausencia de amargura permite al Espíritu Santo ser Él mismo en nosotros. Eso significa que yo llegaré a ser semejante a Jesús. Cuando el Espíritu es entristecido, yo voy por mi propio camino, y lucharé con emociones que van desde el enojo hasta el temor. Pero cuando el Espíritu Santo no es entristecido, Él está *en casa* conmigo; comenzará a cambiarme para que sea la persona que Él quiere que yo sea, y yo podré manifestar la ternura y amabilidad del Espíritu. Abandonar la amargura es una invitación abierta para que el Espíritu Santo le dé su paz, su gozo y el conocimiento de su voluntad.

Esto es extremadamente importante cuando se trata del asunto de la reconciliación. Digamos, por ejemplo, que su mejor amigo ha tenido una aventura amorosa con su esposa. ¿Debe usted perdonarlo? Sí. Pero no se deduce que ustedes tengan que seguir siendo amigos íntimos. Si yo he perdonado totalmente a la persona que me ha herido, y no tengo amargura, no debería sentir la más mínima mota de culpa o vergüenza por no querer una restauración completa de esa relación. Aun cuando no hubiera habido una amistad desde el principio, si alguien me ha causado un gran mal, yo puedo perdonarlo y sin embargo ver como algo totalmente razonable no invitarlo a comer todos los domingos.

El factor esencial es que no haya huella de amargura. ¿Cómo podemos estar seguros de que no queda amargura en nuestros corazones? La amargura se ha ido cuando no hay deseo de venganza o de castigo hacia el ofensor, cuando yo no hago ni digo nada que dañaría su reputación o su futuro, y cuando yo le deseo sinceramente el bien en todo lo que emprenda.

9. Perdonar a Dios

Aunque a menudo no lo vemos al principio —y para algunos lleva mucho tiempo—, toda nuestra amargura al final puede remontarse a un resentimiento hacia Dios. Puede ser una ira inconsciente. Algunas "buenas" personas quedarían horrorizadas ante la idea de poder estar abrigando amargura contra Dios; pero a menudo también reprimimos eso, pues tal conocimiento es demasiado doloroso de admitir.

La verdad es que nuestra amargura muchas veces está dirigida a Dios. ¿Por qué nos sentimos de esa manera? Porque en lo profundo de nuestro corazón creemos que Él es quien ha permitido que ocurran cosas malas en nuestras vidas. Ya que Él es todopoderoso y todo lo sabe, ¿no podría Él haber prevenido las tragedias y ofensas para que no se produjeran? Él ha permitido que suframos cuando nosotros no hicimos nada, o al menos así parece, para ganarnos un trato tan malo. Lo que en última instancia creemos es que Dios es el culpable de nuestra herida.

Solamente un necio afirmaría conocer la respuesta completa a la pregunta: "¿Por qué permite Dios que continúen el mal y el sufrimiento cuando Él tiene el poder para detenerlos?". Pero hay una respuesta parcial: Él lo hace para que nosotros podamos creer. No habría ninguna necesidad de fe si supiéramos la respuesta concerniente al origen del mal y la razón del sufrimiento. Yo solo sé que eso es lo que hace posible la fe.

También sé algo más:

"Y sabemos que a los que aman a Dios, todas las cosas les ayudan a bien, esto es, a los que conforme a su propósito son llamados."

—Romanos 8:28

Dios cambia en mal en bendición; Él hace que las cosas obren para bien. Dios no envió a su Hijo al mundo para explicar el mal, sino para salvarnos de él y ser ejemplo de una vida de sufrimiento. Jesús —quien era y es el Dios-hombre— sufrió como ningún otro ha sufrido ni sufrirá nunca. Un día Dios hará justicia a su propio nombre del cargo de ser injusto, pero mientras tanto, necesitamos confiar en Él y creer su Palabra de que Él es justo y misericordioso.

Aunque a menudo no lo veamos al principio, toda nuestra amargura se remonta en última instancia a un resentimiento contra Dios.

Con respecto a todas las cosas infelices que Él ha permitido que me ocurran, yo afirmo su justicia. Él es Dios. Él sabe exactamente lo que está haciendo, y por qué. Para todos aquellos de nosotros que luchamos con el derecho de Dios a permitir que exista el mal en el mundo, debe aún haber un perdón genuino por nuestra parte, porque cualquier amargura contra Dios contrista al Espíritu Santo. Nosotros, por tanto, debemos perdonarlo a Él —aunque Él no es culpable— por permitir que el mal toque nuestras vidas.

Si esperamos con paciencia a que se cumplan los propósitos de Dios, al final —esto es una garantía— diremos que Él ha hecho bien todas las cosas, aun lo que permitió. Él nunca fue culpable desde un principio, pero debido a que algunas veces nos parece que Él ha sido injusto, debemos abandonar nuestra amargura y perdonarlo plenamente antes de poder seguir adelante con nuestras vidas.

10. Perdonarnos a nosotros mismos

El perdón total, pues, significa perdonar a las personas —totalmente— y también perdonar a Dios. Pero también debe incluir el perdón total a nosotros mismos.

No hay un gozo duradero en el perdón si este no incluye perdonarse a usted mismo.

Una queja muy común que todos los líderes de iglesias escuchan es esta: "Sé que Dios me perdona, pero parece que no puedo llegar a perdonarme a mí mismo". Este es un concepto tan importante que hablaremos de él más adelante en el libro. Pero debo decir aquí y ahora: No hay un gozo duradero en el perdón si este no incluye perdonarse a usted mismo. Será cualquier otra cosa menos perdón *total* si perdonamos a Dios y a aquellos que nos han herido, pero somos incapaces de perdonarnos a nosotros mismos. Es tan erróneo como no perdonar a los demás, porque Dios nos ama igual que ama a los demás; Él será igual de infeliz cuando no nos perdonamos a nosotros mismos que cuando guardamos rencor contra los demás. Dicho sencillamente: nosotros le importamos a Dios. Él quiere que nuestras vidas estén llenas de gozo. No solo quiere que nos perdonemos a nosotros mismos, sino que quiere que lo hagamos urgentemente.

El perdón total provoca tal gozo y satisfacción que casi me siento tentado a llamarlo una empresa egoísta. Como hemos visto, el estudio más amplio que se está llevando a cabo en la actualidad ya ha llegado a la abrumadora conclusión de que la primera persona que experimenta deleite cuando se produce el perdón es la persona que perdona.

Es mi oración que lo que ha sido escrito y lo que sigue le desafíe y le motive a perdonar a quienes le han herido, a perdonar al Dios que permitió que ocurriera, y a perdonarse a usted mismo: totalmente.

¡VAMOS, APÚRENSE! VUELVAN A LA CASA DE MI PADRE Y DÍGANLE: "ASÍ DICE TU HIJO JOSÉ: 'DIOS ME HA HECHO GOBERNADOR DE TODO EGIPTO. VEN A VERME. NO TE DEMORES. VIVIRÁS EN LA REGIÓN DE GOSÉN, CERCA DE MÍ, CON TUS HIJOS Y TUS NIETOS, Y CON TUS OVEJAS, Y VACAS Y TODAS TUS POSESIONES. YO LES PROVEERÉ ALIMENTO ALLÍ, PORQUE AÚN QUEDAN CINCO AÑOS MÁS DE HAMBRE. DE LO CONTRARIO, TÚ Y TU FAMILIA, Y TODO LO QUE TE PERTENECE, CAERÁN EN LA MISERIA'.

—GÉNESIS 45:9-11

CAPÍTULO DOS

CÓMO SABER QUE HEMOS PERDONADO TOTALMENTE

Después de que mi vida cambiara por haber aplicado el consejo de Josif Tson, comencé a enseñar este mensaje del perdón total de lugar en lugar. Pero después de mi enseñanza, la gente comenzó a acercarse a mí con esta pregunta: "¿Cómo sé cuándo he perdonado totalmente a alguien?". Algunas veces me decían: "Creo que he perdonado a mi ofensor, pero no estoy seguro".

La verdad es que yo no sabía cómo contestar. Comencé a preguntarme si *yo* había perdonado totalmente a ciertas personas que me habían herido. La pregunta comenzó a molestarme tanto que empecé a buscar una respuesta.

La encontré, de manera inesperada. Yo comencé a predicar sobre la vida de José en el mes de junio de 1982. Había invitado a Arthur Blessitt, el hombre que ha llevado la cruz alrededor del mundo y quien tiene el récord en el *Libro Guinness de los Récords* por la caminata más larga, a predicar para nosotros en Westminster Chapel. Su ministerio cambió de arriba abajo nuestra iglesia. Comenzamos a añadir cantos de adoración en nuestros servicios en lugar de cantar solamente los anticuados himnos.

Empezamos nuestro ministerio Pilot Light, testificando en las calles entre Victoria y Buckingham Palace los sábados en la mañana, y comenzamos a invitar a personas a que pasaran adelante y confesaran a Cristo públicamente después de los servicios de los domingos. La primera noche de domingo después de la visita de Arthur Blessitt, yo di mi primer sermón sobre la vida de José, y mi primera invitación a que las personas aceptaran a Cristo hizo que siete personas pasaran al frente.

José proporciona un marco de referencia que nos hace examinar nuestra conciencia mostrándonos cómo él fue capaz de perdonar totalmente a sus hermanos.

JOSÉ Y EL PERDÓN TOTAL

El relato de cómo José revela su identidad a sus hermanos se encuentra en Génesis 45. Y es en estos versículos donde yo descubrí mi respuesta a la pregunta: "¿Cómo puedo saber si he perdonado verdaderamente a alguien?". José proporciona un marco de referencia que nos hace examinar nuestra conciencia mostrándonos cómo él fue capaz de perdonar totalmente a sus hermanos.

Veintidós años antes, los hermanos de José habían conspirado para matarlo porque tenían celos de la atención que él obtenía de su padre. Siendo el hijo favorito de Jacob, José se pavoneaba llevando un manto ricamente ornamentado, un manto de muchos colores. Además, José soñó que sus once hermanos un día llegarían a él suplicándole, y sin mostrar ninguna sensibilidad ni humildad:

"Él les dijo: Oíd ahora este sueño que he soñado: He aquí que atábamos manojos en medio del campo, y he aquí que mi manojo se levantaba y estaba derecho, y que vuestros manojos estaban alrededor y se inclinaban al mío. Le respondieron sus hermanos: ¿Reinarás tú sobre nosotros, o señorearás sobre nosotros? Y le aborrecieron aun más a causa de sus sueños y sus palabras. Soñó aun otro sueño, y lo contó a sus hermanos diciendo: He aquí que he soñado otro sueño, y he aquí que el sol y la luna y once estrellas se inclinaban a mí."

—Génesis 37:6-9

¡No se necesita a Sigmund Freud para interpretar esos sueños! Y sin embargo, los sueños eran de Dios. No había nada de malo en el don de José —que tenía que ver con la interpretación de sueños—, pero había mucho de malo en José. La mano de Dios estaba en la vida de José, pero porque aquel joven necesitaba aprender templanza, Dios permitió que sus hermanos le trataran con rudeza. En lugar de matarlo, decidieron emprender el "plan B": venderlo como esclavo a los ismaelitas. Y eso hicieron, esperando nunca más volver a verlo.

Para explicar a su padre la repentina ausencia de José, los hermanos se inventaron una astuta estratagema. Mojaron su manto en la sangre de alguna cabra y luego se lo llevaron a Jacob. Le engañaron, diciendo: "Esto hemos hallado; reconoce ahora si es la túnica de tu hijo, o no" (Génesis 37:32). El plan funcionó.

"Y él la reconoció, y dijo: La túnica de mi hijo es;
alguna mala bestia lo devoró; José ha sido despedazado.
Entonces Jacob rasgó sus vestidos, y puso cilicio sobre
sus lomos, y guardó luto por su hijo muchos días. Y se
levantaron todos sus hijos y todas sus hijas para conso-
larlo; mas él no quiso recibir consuelo, y dijo: Descenderé
enlutado a mi hijo hasta el Seol. Y lo lloró su padre."

—Génesis 37:33-35

**No había nada de malo en el don de José
—que tenía que ver con la interpretación de
sueños—, pero había mucho de malo en José.**

Aun cuando la situación parecía sombría, Dios estaba
con José. Él comenzó a trabajar en casa de Potifar, el oficial egipcio a quien los ismaelitas le habían vendido. Era
un empleado tan valioso que fue puesto a cargo de toda la
casa; pero la Biblia describe a José como "de hermoso sem-
blante y bella presencia", y algún tiempo después la esposa
de Potifar comenzó a flirtear con él. "Duerme conmigo"—
le rogó, pero él se negó.

Como dice la frase: "No hay tanta furia en el infierno
como en una mujer despreciada". Después de ser recha-
zada repetidas veces, ella decidió acusar a José de violación. Potifar creyó a su esposa e hizo encarcelar a José.
¡José fue castigado por hacer lo correcto! Pero como dijo
Pedro: "Porque eso merece aprobación, si alguno a causa
de la conciencia delante de Dios, sufre molestias padecien-
do injustamente. Pues ¿qué gloria es, si pecando sois abo-
feteados, y lo soportáis? Mas si haciendo lo bueno sufrís, y
lo soportáis, esto ciertamente es aprobado delante de Dios"
(1 Pedro 2:10-20).

Este fue el principio de un periodo de preparación para José. Él no lo comprendía en aquel momento, pero Dios tenía grandes planes para José. El Dr. Martín Lloyd-Jones, mi antecesor en Westminster Chapel, solía decirme: "Lo peor que puede ocurrirle a un hombre es tener éxito antes de estar preparado". Dios quería asegurarse de que José no saliera de la cárcel y se embarcara en la siguiente fase de su vida de trabajo hasta que estuviera preparado.

"Porque el Señor al que ama, disciplina, y azota a todo el que recibe por hijo."

—Hebreos 12:6

José tenía mucho por lo que estar amargado. En primer lugar, sus hermanos le habían tratado con crueldad y desdén; es cierto que él les había causado celos y no había sido un muchacho muy agradable, incluso había sido un acusica (ver Génesis 37:2). Pero matarlo o venderlo a los ismaelitas fue un acto malvado.

En segundo lugar, José había sido falsamente acusado. En lugar de dormir con la esposa de Potifar, él había resistido la tentación. A todos nos gusta pensar que Dios nos bendecirá cuando seamos fieles y obedientes a su Palabra, pero las gracias que José obtuvo fueron el encarcelamiento.

Si caminamos en amor, no jugaremos a la manipulación cuando se trata de promocionarnos a nosotros mismos; dejaremos que Dios nos promocione en su tiempo.

En tercer lugar, Dios permitió que ocurrieran todas esas cosas. El razonamiento de José para resistir los avances de la esposa de Potifar fue la lealtad a Dios: "¿Cómo, pues, haría yo este grande mal, y pecaría contra Dios?"—imploró él (Génesis 39:9). Muchas personas que conozco tienen miedo de tener una aventura amorosa solo por una razón: el temor de ser descubiertos. Pero José estaba en Egipto, donde nadie le conocía —su familia estaba muy lejos, en Canaán— y la esposa de Potifar no iba a contarlo. José fue fiel porque no quería desagradar a Dios; pero entonces Dios permitió que José fuera a la cárcel por algo que ni siquiera había hecho.

José, pues, tenía mucho por lo cual estar amargado y muchos "ofensores" a quienes perdonar: sus hermanos que lo vendieron como esclavo, la esposa de Potifar que mintió, y Dios que dejó que todo eso ocurriera.

Cuando pasó algún tiempo, José tuvo compañía en la cárcel: el copero y el panadero de Faraón. Mientras estaban allí, cada uno de ellos tuvo un sueño que José se ofreció a interpretar. Él predijo que el panadero sería colgado en tres días, pero que el copero recuperaría su trabajo en el mismo lapso de tiempo. Esos dos eventos ocurrieron tal como José predijo. Hasta ahí, todo bien.

Pero una tentación demasiado grande —o así parecía— se le sirvió a José en una bandeja de plata. Apenas había terminado de contar al copero que recuperaría el favor de Faraón, cuando se involucró demasiado en su palabra profética:

> "Acuérdate, pues, de mí cuando tengas ese bien, y te ruego que uses conmigo de misericordia, y hagas mención de mí a Faraón, y me saques de esta casa. Porque fui hurtado de la tierra de los hebreos; y tampoco he hecho aquí por qué me pusiesen en la cárcel."
>
> —Génesis 40:14-15

La mayoría de nosotros hubiéramos hecho lo mismo; pero Dios tenía planes especiales para José, y para que su testimonio fuese validado más tarde, no podría haber ninguna promoción que pudiera explicarse en términos de lo que un ser humano podía hacer. En otras palabras, Dios quería a José fuera de la cárcel tanto como José quería salir de ella. Pero si el copero simplemente hacía una buena mención de José —y salía de la cárcel debido a eso—, se habría desviado del plan supremo de Dios. Los retrasos pueden ser en realidad parte del propósito de Dios; aparentemente, la oración no contestada puede ser parte de la voluntad de Dios tanto como la oración contestada.

La verdad es que José necesitaba ser liberado de la amargura y la autocompasión. Primera de Corintios 13:5 —el mismo versículo que dice que el amor "no guarda rencor"— también dice que el amor "no busca lo suyo". Si caminamos en amor, no jugaremos a la manipulación cuando se trata de promocionarnos a nosotros mismos; dejaremos que Dios nos promocione en su tiempo. José estaba lleno de autocompasión, y así lo dice: "y tampoco he hecho aquí por qué me pusiesen en la cárcel" (Génesis 40:15). La autocompasión y el fariseísmo —pecados gemelos que se complementan el uno al otro— son eclipsados cuando comenzamos a perdonar totalmente y a no guardar rencor. En ese punto en el tiempo, José aún no había perdonado a sus hermanos, ni a la esposa de Potifar, ni a Dios.

José no había olvidado sus sueños; sabía que un día —por una u otra razón— sus hermanos se postrarían ante él; y al final lo hicieron. Pero cuando finalmente ocurrió, José era un hombre cambiado. No había amargura; no había rencores; nada. Algo le había ocurrido durante aquellos últimos dos años en la cárcel. ¿Cómo sé yo eso? ¡Mírelo; escúchelo! Su actitud había cambiado por completo; él había perdonado a todos ellos de forma total y maravillosa. Antes de que su corazón fuese cambiado, probablemente fantaseara acerca del día en que ellos llegarían suplicando su perdón; probablemente él anhelase ver el cumplimiento de sus sueños, decirles a sus hermanos: "¡Les tengo!", y luego echarles en cara lo que habían hecho. En lugar de eso, cuando llegó el momento, él les dio la bienvenida con amor y los perdonó con lágrimas.

¿Qué provocó un cambio tan dramático? Dos años después que José hubiera interpretado los sueños del panadero y el copero, Faraón mismo tuvo un sueño —dos sueños, de hecho— y ninguno de sus magos y astrólogos pudo interpretarlos. El copero oyó de la conmoción y recordó cómo José había interpretado su sueño con exactitud; entonces dio un paso y recomendó a José ante Faraón. De repente, José se encontró delante del gobernador de Egipto, y solo él fue capaz de interpretar los sueños: Habría siete años de abundancia seguidos de siete años de hambre en la tierra. José también ofreció su consejo: Faraón debería almacenar alimento durante los siete primeros años para que así hubiera suficiente durante los siete años de escasez, no solo para Egipto sino también para los países circundantes que acudirían a Egipto suplicando alimentos.

Finalmente llegó el momento en que José se dio a conocer. Lleno de amor, demostró perdón total.

Faraón quedó tan impresionado con ese sabio consejo ¡que hizo a José primer ministro de Egipto allí mismo! Dios lo hizo todo. Es cierto que usó al copero, pero no debido a la manipulación de José.

Entonces, durante el tiempo de hambre, ¿quiénes supone usted que llegaron a Egipto suplicando alimentos? Los hermanos de José. Él los reconoció al instante, aunque ellos no sabían quién era él: veintidós años más viejo y vistiendo las ropas oficiales egipcias, sin mencionar que hablaba el idioma egipcio mediante un intérprete. Era el momento que él había soñado; pero en lugar de castigarlos —lo cual tenía poder para hacer—, él lloró. Lleno de amor, demostró perdón total.

CÓMO APLICAR EL EJEMPLO DE JOSÉ A NOSOTROS MISMOS

¿Qué lecciones puede enseñarnos el ejemplo de José sobre el perdón total?

1. No hacer saber a nadie lo que alguien dijo de usted o le hizo

Para asegurar la privacidad, José clamó: "Haced salir de mi presencia a todos" (Génesis 45:1). Él esperó para revelar su identidad hasta que no hubo nadie en la habitación excepto sus hermanos. Incluso al intérprete, que no tenía idea de que José supiera hablar hebreo, se le mandó salir, para sorpresa suya.

¿Pero por qué? ¿Por qué hizo José salir a todos? Porque no quería que ni una sola persona en Egipto supiera lo que sus hermanos le habían hecho veintidós años atrás. Él tenía un plan; esto es, persuadirlos a que trajeran a su padre, Jacob, a Egipto. Él quería que toda su familia estuviera con él, y nadie en Egipto necesitaba saber lo que ellos habían hecho.

José era un héroe en Egipto, y el pueblo lo reverenciaba. Al interpretar los sueños de Faraón, él había salvado el país. Él sabía que si se filtraba la información de que sus hermanos en realidad lo habían secuestrado y vendido a los ismaelitas, los egipcios odiarían a sus hermanos. En cambio, José quería que ellos fueran héroes en Egipto como lo era él, y la única manera de hacer que eso ocurriera era asegurar que absolutamente nadie en Egipto descubriera nunca la maldad de ellos. Por eso no permitió que nadie escuchara esa histórica conversación cuando él reveló su identidad a aquellos sorprendidos y asustados hombres. José no solo no permitió que nadie supiera lo que ellos habían hecho; se aseguró de que ellos no pudieran saberlo. Esa es una de las pruebas de que alguien ha perdonado totalmente.

Esa es precisamente la forma en que usted y yo debemos perdonar: "Cuanto está lejos el oriente del occidente, hizo alejar de nosotros nuestras rebeliones" (Salmo 103:12). Nuestros pecados son "borrados" (Hechos 3:19). Es como si nuestros pecados no existieran nunca más; se han ido, se han ido, ¡se han ido! En cuanto respecta a nuestra posición y seguridad ante Dios, nunca serán traídos en contra nuestra. Allá en las montañas de Kentucky, solíamos cantar un coro que hablaba de que nuestros pecados eran enterrados en el mar del perdón de Dios. Eso se basa en Miqueas 7:19: "Él volverá a tener misericordia de nosotros; y echará en lo profundo del mar todos nuestros pecados".

Dios no revelará lo que Él sabe. Imagine, si quiere, una pantalla gigante como las que muchas iglesias usan para proyectar las letras de los cantos de alabanza. Imagine que sus pecados son enumerados en esa pantalla para que la gente los vea. Usted miraría la lista y se vería obligado a admitir: "Sí, eso es cierto. Pero yo creía que había sido perdonado, ¡y que nunca nadie lo sabría!". Imagine el sentimiento de traición que sentiría usted ¡si Dios desvelara a todos los demás lo que Él sabe sobre usted!

Hay muchas cosas que Dios sabe sobre mí que yo no querría que nadie más supiera. ¡Él tiene suficiente sobre mí para enterrarme! Pero usted nunca sabrá nada de eso porque Dios no lo contará.

Es como si nuestros pecados nunca más existieran; se han ido, se han ido, ¡se han ido!

Entonces ¿por qué nos chivamos a otras personas? Si por razones terapéuticas se lo contamos a otra persona que no lo repetirá, es comprensible. Pero la verdadera razón por que usualmente lo contamos es para castigar. Y un arma que tenemos a nuestra disposición para lograr eso es nuestra lengua. Le contamos a todo el mundo lo que nosotros sabemos ¡para hacer parecer malo a nuestro ofensor! Si podemos dañar su credibilidad o su reputación a cambio del daño que nos ha hecho a nosotros, ¡bien!, decimos, es lo que se merece. Divulgamos a todos los que podamos encontrar lo que nos hicieron como una manera de hacer justicia.

Algunas veces se habla de José como un tipo de Cristo: una persona en el Antiguo Testamento que, mucho antes de que llegara Jesús, demostró características de Jesús mismo. Y a pesar de sus imperfecciones, José fue ciertamente un tipo de Cristo de muchas maneras. Su capacidad para perdonar a sus hermanos como lo hizo es una sombra de los actos de Jesús hacia sus discípulos. Muertos de miedo y avergonzados por la manera en que habían abandonado a Jesús cuando fue arrestado, ellos estaban juntos tras las puertas cerradas cuando el Jesús resucitado apareció de forma inesperada y declaró: "Paz a vosotros" (Juan 20:21). Los discípulos fueron totalmente perdonados; y ellos lo sabían.

> Es consolador saber que Dios perdona
> libre y totalmente todos nuestros pecados
> y que nunca contará lo que Él sabe.

Todos nosotros tenemos cosas de las que nos avergon-
zamos; algunas de ellas son conocidas por otros, y muchas
son desconocidas. Es consolador saber que Dios perdona
libre y totalmente todos nuestros pecados y que nunca contará lo que Él sabe. Esa es la forma en que perdonó José; y
por eso se nos insta: "Sed benignos unos con otros, misericordiosos, perdonándoos unos a otros, como Dios también
os perdonó a vosotros en Cristo" (Efesios 4:32).

**2. No permitir que nadie tenga temor de usted o se sienta
intimidado por usted**

José reveló su identidad a sus hermanos con lágrimas
y compasión. Lo último que quería era que ellos tuvieran
temor de él. Él estaba deseando que ellos supieran quien
era él, pero siguió una estrategia cuidadosamente pensada
y quería estar seguro de que el plan funcionara. Cuando fue
incapaz de "controlarse", se derrumbó y les dijo quién era:
"Entonces se dio a llorar a gritos; y oyeron los egipcios, y
oyó también la casa de Faraón" (Génesis 45:2).

La inmediata preocupación de José no era solo revelar
quién era a sus hermanos, sino también saber cuál era la
condición de su padre.

> "Y dijo José a sus hermanos: Yo soy José; ¿vive aún mi
> padre? Y sus hermanos no pudieron responderle, porque
> estaban turbados delante de él."
>
> —Génesis 45:3

Cuando no hemos perdonado totalmente a quienes nos han hecho daño, nos proporciona un poco de placer darnos cuenta de que ellos se sienten temerosos o intimidados. Si alguien que nos ha herido —y lo sabe— se congela de ansiedad cuando ve que nos acercamos, puede que nos digamos a nosotros mismos: "¡Bien! ¡*Debería* tener miedo de mí!". Pero eso solamente demuestra que sigue habiendo amargura en nuestro corazón. "El perfecto amor echa fuera el temor, porque el temor lleva en sí castigo" (1 Juan 4:18). Si la gente tiene temor de nosotros, nos imaginamos que están sufriendo un poco de castigo, lo cual es lo que nosotros queremos si no estamos caminando en perdón.

Pero ese no era el patrón de la vida de José. Sabiendo que ellos estaban "turbados delante de él", les dijo: "Acercaos ahora a mí". ¿Por qué les dijo que hicieran eso? Por dos razones: No quería que ellos tuvieran miedo, y anhelaba abrazar a cada uno de ellos, lo cual hizo después.

El temor puede hacer que hagamos tonterías. Nuestra inseguridad es lo que hace que queramos que la gente nos reverencie. Nos volvemos pretenciosos; intentamos prevenir que otros sepan quiénes somos en realidad y cómo somos en realidad. Algunas veces creo que lo más atractivo acerca de Jesús como hombre era su falta de pretensiones. Jesús no intentó crear un "aura de misterio"; aun la gente común y corriente podía relacionarse con Él.

En términos de prestigio y poder, José había ascendido hasta lo más alto. Si así lo hubiera deseado, podría haber mantenido a sus hermanos a distancia; podría haber demandado que ellos le alabaran por su éxito; podría haberlos hecho caer a sus pies con temor y reverencia; podría haberles recordado sus sueños y la incredulidad de ellos. Incluso podría haber dicho una de las frases favoritas de todos los seres humanos en todas partes: "Ya te lo dije".

Pero no. Eso no es lo que José hizo. Dijo: "Acercaos a mí". Él no se sentía por encima de ellos; no tenía deseos de que ellos se alejaran y dijeran: "¡Guau! Miren a nuestro hermano José". Él quería que ellos no sintieran temor en su presencia; quería ser amado en lugar de admirado.

Pablo dijo: "Pues no habéis recibido el espíritu de esclavitud para estar otra vez en temor, sino que habéis recibido el espíritu de adopción, por el cual clamamos: ¡Abba, Padre!" (Romanos 8:15). La palabra Abba es una palabra puramente aramea que equivale a la palabra Papi. El testimonio del Espíritu Santo nos hace sentir amados y aceptados. Una vez que hemos sido perdonados por Él, Dios no quiere que tengamos miedo de Él. Esto no debiera significar que desarrollemos una familiaridad barata con Él, y mucho menos que perdamos el sentido de su gloria y su poder, sino que Él quiere que experimentemos su ternura paternal.

Lo que José quería que sintieran sus hermanos es lo que Jesús quiere que nosotros sintamos hacia Él mismo y hacia el Padre. "El que me ha visto a mí, ha visto al Padre", dijo Jesús (Juan 14:9). Si tuvo usted un padre que abusaba o estaba ausente, puede que comprensiblemente tenga usted dificultades para relacionarse con Dios como Padre. Pero no hay ninguna ley que diga que tenemos que tener padres perfectos antes de que podamos relacionarnos correctamente con nuestro Padre celestial. La perfecta imagen que debemos seguir podemos encontrarla en Jesucristo; y es también lo que José intentaba expresar a sus hermanos. José no requirió que ellos sintieran un rastro de temor ni que demostraran lo mucho que lo sentían antes de perdonarlos; en cambio, él quería que ellos lo quisieran y sintieran el amor de él hacia ellos.

> Cuando Él nos ha perdonado, Dios no
> quiere que tengamos miedo de Él.

Esta es la clase de relación que Jesús desea tener con nosotros. Él quiere que estemos tranquilos en su presencia. Cuando Jesús se reunió con los doce discípulos en el aposento alto después de su resurrección, no hubo ni rastro de reprensión por el abandono y la traición de ellos antes de su crucifixión. Jesús nunca dijo: "¿Cómo pudieron abandonarme de esa manera?". En cambio, Él agarró las cosas donde las había dejado antes de que comenzara todo el sufrimiento y dijo: "Como el Padre me ha enviado, así yo os envío" (Juan 20:21). "En el amor no hay temor" (1 Juan 4:18). José no quería que sus hermanos tuvieran miedo, y cuando nosotros hayamos perdonado totalmente a nuestros ofensores, no querremos que tampoco ellos tengan miedo.

3. Queremos que ellos se perdonen a sí mismos y que no se sientan culpables
Cuando los once hermanos tenían dificultad para creer la revelación de José, él repitió: "Yo soy José vuestro hermano, el que vendisteis para Egipto" (Génesis 45:4). Él no había olvidado lo que ellos habían hecho, ni fingió que aquello no había ocurrido; él estaba simplemente identificándose ante ellos.

Sabiendo exactamente lo que ellos estaban pensando, dijo: "Ahora, pues, no os entristezcáis, ni os pese de haberme vendido acá" (Génesis 45:5). Él no estaba a punto de enviarlos a un viaje de culpabilidad; sabía que ellos se sentían lo bastante culpables (Génesis 42:21).

Algunas veces decimos, en efecto: "Te perdono por lo que hiciste, pero espero que te sientas mal por ello". Eso demuestra que aún queremos ver que la persona obtenga su castigo; demuestra nuestro propio temor, el cual, repito: "lleva en sí castigo" (1 Juan 4:18). Pero cuando nuestro temor se ha ido, el deseo de ver a otros castigados se va junto con él.

Nos encanta castigar a las personas haciéndolas sentir culpables. Aquellos de nosotros que siempre estamos enviando a las personas a viajes de culpabilidad, casi es seguro que tengamos nosotros mismos un gran problema con un sentimiento de culpa. Debido a que no hemos resuelto nuestros propios asuntos en cuanto a la culpa, queremos asegurarnos de que otros se revuelquen en el lodo de los sentimientos de culpabilidad junto con nosotros. Señalamos con el dedo en parte porque no nos hemos perdonado a nosotros mismos.

El perdón es inútil para nosotros emocionalmente si no podemos perdonarnos a nosotros mismos.

Yo a veces pienso que la culpabilidad es uno de los sentimientos más dolorosos del mundo. Mi propio gran dolor a lo largo de los años ha sido la culpabilidad, y que me recordaran mi propio fracaso, en especial como padre. Si alguien quería herirme —hacerme sentir realmente y verdaderamente mal—, lo único que tenía que hacer era preguntarme: "¿Cuánto tiempo pasaste con tus hijos en aquellos años críticos en que estaban creciendo?". Estoy agradecido de que mis hijos me hayan perdonado totalmente por mis pecados como padre, pero sigo luchando con sentimientos de culpabilidad por los errores que cometí.

José quería liberar a sus hermanos; no quería verlos culpables o que estuvieran enojados con ellos mismos; quería que ellos se perdonaran a sí mismos. El perdón es inútil para nosotros emocionalmente si no podemos perdonarnos a nosotros mismos. Y ciertamente no es perdón *total* a menos que nos perdonemos a nosotros mismos al igual que a los demás.

Dios sabe eso, y por esa razón quiere que nos perdonemos a nosotros mismos y que aceptemos su promesa de que nuestro pasado está bajo la sangre de Cristo. José estaba intentando hacer lo que Jesús haría: facilitar que sus hermanos se perdonaran a sí mismos.

Para tranquilizar sus conciencias, José les dio una explicación de su sufrimiento: "Porque para preservación de vida me envió Dios delante de vosotros" (Génesis 45:5). Dios también hace eso con nosotros; Él quiere que nos sea fácil perdonarnos a nosotros mismos. Esa es, en parte, la razón por que nos dio la que es posiblemente la promesa más sorprendente de Pablo:

> "Y sabemos que a los que aman a Dios, todas las cosas les ayudan a bien, esto es, a los que conforme a su propósito son llamados."
>
> —Romanos 8:28

Dios no quiere que sigamos sintiéndonos culpables, y por eso dice: "Solo esperen y vean. Yo haré que todo obre para bien hasta tal punto que ustedes se sentirán tentados a decir que aun las cosas malas que ocurrieron fueron buenas y correctas". No que lo fueran, desde luego, porque el hecho de que todas las cosas obren para bien no significa necesariamente que fueran correctas en ese momento. Pero Dios tiene una manera de hacer que las cosas malas *se conviertan* en buenas.

Esto, pues, es el perdón total: no querer que nuestros ofensores se sientan culpables o tristes con ellos mismos por lo que hicieron, y demostrarles que hay una razón por la cual Dios permitió que eso ocurriera.

4. Permitiremos que ellos salven las apariencias

Permitir que aquellos que nos han ofendido salven las apariencias es llevar el principio del perdón total un paso más allá. José les dijo a sus hermanos algo que es, sin ninguna duda, la frase que es la más magnánima, misericordiosa y liberadora que había dicho hasta entonces: "Ustedes no me hicieron esto; Dios lo hizo".

"Y Dios me envió delante de vosotros, para preservaros posteridad sobre la tierra, y para daros vida por medio de gran liberación. Así, pues, no me enviasteis acá vosotros, sino Dios, que me ha puesto por padre de Faraón y por señor de toda su casa, y por gobernador en toda la tierra de Egipto."

—Génesis 45:7-8

Esto es tan bueno como puede serlo. Cuando podemos perdonar así, lo hemos alcanzado. Hemos logrado el perdón total.

Salvar las apariencias. Es lo que Dios nos permite hacer.

¿Qué es exactamente "salvar las apariencias"? Dale Carnegie utiliza esta expresión en su libro *How To Win Friends and Influence People* (Cómo ganar amigos e influir en la gente).[1] Aunque ese no es un libro específicamente cristiano, está saturado de principios cristianos y no haría ningún daño si los cristianos lo leyeran. Salvar las apariencias significa preservar la dignidad y la autoestima de alguien. No es solo negarse a permitir que una persona se sienta culpable; es proporcionar un razonamiento que permita que lo que ella hizo parezca bueno en lugar de malo. O puede que signifique ocultar el error de una persona de la vista de la gente para no hacerla sentir avergonzada.

Salvar las apariencias. Eso es lo que Dios nos permite hacer.

Puede usted hacer un amigo de por vida permitiendo que alguien salve la apariencia. Yo considero que esta es una expresión oriental, porque para un oriental la peor cosa que hay en la tierra es quedar avergonzado. Se ha sabido que algunos se han suicidado antes de quedar avergonzados. Pero tengo la sospecha de que en nuestro interior, todos somos iguales cuando se trata de quedar avergonzado: ninguno de nosotros quiere que eso ocurra.

Dios nos permite salvar la apariencia haciendo que nuestro pasado (a pesar de lo necio que fuera) obre para nuestro bien. Si lee usted la genealogía de Jesús en Mateo 1, podría pensar que el pecado de adulterio entre David y Betsabé fue parte de la estrategia divina todo el tiempo. Yo dudo que ese sea el caso. El pecado de adulterio de David —y el intento de encubrimiento que implicaba la muerte de Urías— debe de situarse como uno de los peores crímenes en la historia del pueblo de Dios. Pero Mateo 1:6 registra esos acontecimientos como si hubieran ocurrido de la forma en que debían haber ocurrido.

¿Puede imaginarse la mirada en el rostro de sus hermanos cuando José les dijo: "no me enviasteis vosotros acá, sino Dios" (Génesis 45:8)?". Rubén puede que dijera a Judá: "¿Hemos oído bien? ¿Ha dicho que nosotros no hicimos lo que hicimos, sino que fue Dios quien lo hizo?". Haber creído una afirmación como esa habría significado que una carga inimaginable de culpabilidad se caía de las espaldas de aquellos hombres. Habrían sido noticias demasiado buenas para ser verdad.

¿Cómo podía ser? Según José, la respuesta era sencilla: Dios predestinó que los descendientes de Abraham vivieran en Egipto. Él simplemente envió a José delante del resto de su familia. En otras palabras, José estaba diciendo literalmente: "Alguien tenía que ir primero, y yo fui escogido. Dios conocía la hambruna y que nuestra familia —la familia de Israel— tenía que ser preservada".

Aún hay más. Al decir lo que dijo, José también estaba admitiendo que si él hubiera estado en lugar de ellos, habría hecho lo que ellos hicieron. Él no los condenó por lo que hicieron; había alcanzado a comprender sus actos.

Para aquel que perdona totalmente de corazón, hay poco de fariseísmo. Dos razones por las que somos *capaces* de perdonar son:

- Vemos lo que se nos ha perdonado a nosotros.
- Vemos de lo que somos capaces.

Cuando estamos indignados por la maldad de algún otro, existe la posibilidad real de que tengamos una actitud de fariseísmo o de que no seamos objetivos sobre nosotros mismos. Cuando verdaderamente nos veamos tal como somos, reconoceremos que somos igual de capaces de cometer cualquier pecado como lo es cualquier otra persona. Somos salvos solo por la intervención misericordiosa de Dios.

No había ningún fariseo llegando a sus hermanos. José no estaba siendo condescendiente o superior, ni tampoco estaba realizando conscientemente una gran gesta. Él no estaba pensando: *Seré admirado por ser tan misericordioso con estos hombres malvados que no lo merecen.*

Justamente lo contrario; José ya había perdonado a sus hermanos durante aquellos dos años en la cárcel en los que Dios operó en su corazón. Él se convirtió en un trofeo de la gracia soberana, un ejemplo de perdón para que nosotros lo sigamos.

Permitir, pues, que sus hermanos salvaran las apariencias no fue simplemente un gesto político; José les estaba diciendo a sus hermanos la verdad. Dios lo *había* propuesto para bien; Dios *envió* a José a Egipto con un propósito en mente. José no era en lo más mínimo mejor que ninguno de ellos, y no estaba a punto de comportarse así. Él simplemente se sentía agradecido de verlos de nuevo y agradecido a Dios por todo lo que Él había hecho. La preparación, las acusaciones falsas, todas las mentiras, el dolor y el sufrimiento merecieron la pena.

Es semejante a las palabras de Jesús a sus discípulos: "La mujer cuando da a luz, tiene dolor, porque ha llegado su hora; pero después que ha dado a luz un niño, ya no se acuerda de la angustia, por el gozo de que haya nacido un hombre en el mundo. También vosotros ahora tenéis tristeza; pero os volveré a ver, y se gozará vuestro corazón, y nadie os quitará vuestro gozo" (Juan 16:21-22).

Cuando verdaderamente nos veamos tal como somos, reconoceremos que somos igual de capaces de cometer cualquier pecado como lo es cualquier otra persona.

Cuando dejamos que las personas salven las apariencias estamos haciendo lo que es correcto y justo, y no simplemente siendo magnánimos y misericordiosos.

5. Los protegeremos de su mayor temor

Cuando José reveló su identidad y expresó perdón, ¿qué cree usted que los once hermanos estaban pensando? Ellos sin duda estaban emocionados de que su hermano los aceptara de manera real y verdadera. El alivio debió de haber sido más dulce de lo que las palabras pueden expresar. Pero apenas acababan de absorber las buenas noticias cuando experimentaron el mayor temor de todos: Ellos tendrían que regresar a Canaán y decirle a su padre la verdad de lo que habían hecho.

Puede usted estar seguro de que ellos preferirían haber muerto que enfrentarse a su anciano padre con la verdad que había detrás de aquel manto de muchos colores manchado de sangre que habían puesto delante de él. Durante años, su peor pesadilla había sido que su padre descubriera su engaño. Ahora se enfrentaban con la perspectiva de regresar a Canaán a persuadir a su padre para que se trasladara a Egipto, donde su amado hijo José —quién iba a creerlo— era el primer ministro. Jacob ciertamente se sorprendería de cómo era posible ese milagro.

José, conociendo la culpa y el temor de ellos, ya había anticipado ese problema y estaba un paso por delante de sus hermanos. Él sabía que su perdón de lo que ellos habían hecho era completamente inútil para ellos si ellos tenían que contarle toda la verdad a su padre.

El pecado que está bajo la
sangre de nuestro soberano
Redentor no necesita ser
confesado a nadie más que
a Dios.

Para mí, esta es una de las escenas más conmovedoras de esta historia. José dio instrucciones a sus hermanos de decirle a su padre la verdad: que él, José, estaba vivo y bien, y se había convertido en el primer ministro de Egipto. Además, les dijo exactamente qué decir y qué *no* decir a Jacob. Sus instrucciones fueron expresadas con toda minuciosidad, y le contó a su padre toda la verdad que él necesitaba saber (ver Génesis 45:9-13).

El pecado que está bajo la sangre de nuestro soberano Redentor no necesita ser confesado a nadie más que a Dios. Si usted necesita compartir su situación con alguna otra persona con propósitos terapéuticos, está bien; pero no debería usted implicar a una persona inocente soltando una información sobre esa persona que fácilmente podría omitirse. En cambio, confiese su pecado a Dios.

"Contra ti, contra ti solo he pecado, y he hecho lo malo delante de tus ojos; para que seas reconocido justo en tu palabra, y tenido por puro en tu juicio."

—Salmo 51:4

Puede que usted crea que los hermanos deberían haber confesado su pecado a su padre. ¿De verdad? ¿No hubiera causado eso a Jacob un problema aún mayor: tener que luchar con el lamento por los años perdidos con José y con la amargura contra sus otros hijos?

José fue sabio, amoroso y justo. Y eso hizo que sus hermanos lo respetaran todavía más.

Cuando considero el hecho de que nuestro Señor Jesucristo sabe todo sobre mi pecado pero promete guardar lo que Él ha perdonado como un secreto, eso aumenta mi gratitud hacia Él. José, mediante su acto de perdón total, se hizo querer por sus hermanos.

Muchos de nosotros tenemos un único y gran temor. Yo sé que lo tengo. Yo sé lo que yo más temería: que se contara. Pero Dios no tiene ningún deseo de mantener nuestros temores sobre nuestras cabezas. Yo estoy en deuda con mi maravilloso Salvador, que perdona todos mis pecados y se asegura de que mis mayores temores jamás se cumplan.

Mantener a otra persona en un perpetuo temor con la amenaza de: "No me hagas hablar", rápidamente hará descender la ira de Dios.

Dios no nos chantajea. Y cuando una persona es culpable de chantajear a otra, capta la atención de Dios. Él no lo aceptará. Mantener a otra persona en un perpetuo temor con la amenaza de: "No me hagas hablar", rápidamente hará descender la ira de Dios. Cuando medito en los pecados que a mí me han sido perdonados, eso es suficiente para cerrar mi boca durante el resto de mi vida.

6. Es un compromiso de por vida

Hacer un compromiso de por vida con el perdón total significa que usted continúa haciéndolo mientras viva. No es suficiente con perdonar hoy y después volver a la ofensa mañana. Oí de una persona cuya esposa dijo: "Eso fue ayer". El perdón total es un compromiso de por vida, y puede que usted necesite practicarlo cada día de su vida hasta que muera. Nadie dijo que sería fácil.

Diecisiete años después de reunirse con su hijo perdido durante tanto tiempo, Jacob murió, y a los hermanos de José de repente les entró pánico. Estaban aterrorizados de que el perdón de José durase tanto tiempo como su anciano patriarca siguiese con vida, de que José después de tanto tiempo se vengase de ellos. Podemos comprender sus temores. El perdón de José no era algo ordinario; ellos habían sido increíblemente bendecidos por su misericordia, pero temían que hubiera llegado a su fin: "Viendo los hermanos de José que su padre era muerto, dijeron: Quizá nos aborrecerá José, y nos dará el pago de todo el mal que le hicimos" (Génesis 50:15).

Debido a sus temores, inventaron una historia:

> "Y enviaron a decir a José: Tu padre mandó antes de su muerte, diciendo: Así diréis a José: Te ruego que perdones ahora la maldad de tus hermanos y su pecado, porque mal te trataron; por tanto, ahora te rogamos que perdones la maldad de los siervos del Dios de tu padre."
>
> —Génesis 50:16-17

Si Jacob realmente hubiera dicho eso, no se lo hubiera dicho solo a los hermanos de José; se lo hubiera dicho a José mismo antes de morir. Él no se habría ido a la tumba con el temor de que José no los perdonara. Eran los hermanos quienes tenían temor.

Cuando José oyó su mensaje, lloró. No podía creer que sus hermanos dudaran de él; podía ver que ellos habían vivido con temor de que un día él —el primer ministro— utilizara su poder para vengarse de ellos.

> "Y les respondió José: No temáis; ¿acaso estoy yo en lugar de Dios? Vosotros pensasteis mal contra mí, mas Dios lo encaminó a bien, para hacer lo que vemos hoy, para mantener en vida a mucho pueblo. Ahora, pues, no

tengáis miedo; yo os sustentaré a vosotros y a vuestros
hijos. Así los consoló y les habló al corazón."

—Génesis 50:19-21

Lo que José había hecho diecisiete años antes aún era
para bien; él estaba preparado para cuidar de sus hermanos indefinidamente. "Yo les perdoné entonces, y les perdono ahora", les estaba diciendo a ellos. Era algo real. Yo
he visto a algunas personas regresar a las ofensas después
de haber extendido su perdón a alguien, pero no es perdón
total a menos que dure, sin importar lo grande que sea la
tentación a regresar. Me pregunto si esa es la "locura" a
la que se refiere el Salmo 85:8: "Escucharé lo que hablará
Jehová Dios; porque hablará paz a su pueblo y a sus santos, para que no se vuelvan a la locura".

Sé que en mi propio caso la tentación a regresar a la
amargura era muy real. Yo me inventaba conversaciones
en mi cabeza, imaginando lo que yo podría decir o trayen-
do a mi memoria lo que había sucedido, y me revolvía. La
idea de que: *Nunca nadie lo sabrá* o de que: *Ellos se están
saliendo con la suya*, me agitaba. Pero si daba un paso atrás
y observaba la situación desde cierta distancia, podía ver la
locura de tales pensamientos. Tuve que seguir perdonando.
El perdón total debe continuar una y otra vez. Algunos días
será más difícil que otros.

Yo nunca debo contar lo que sé, hacer que mis ofensores
sientan temor, hacerles sentir culpables, esperar que ellos
queden en mal lugar o revelar sus más destructores secretos. Y debo seguir haciendo eso mientras viva.

Si usted está preparado para hacer un pacto de perdonar
—y perdonar totalmente—, debe comprender que tendrá
que renovar ese pacto mañana. Y puede que incluso sea
más difícil hacerlo mañana que hoy. Podría aun ser más

difícil la próxima semana, o el próximo año. Pero es un pacto de por vida.

Lo que José había hecho diecisiete años antes aún era para bien; él estaba preparado para cuidar de sus hermanos indefinidamente.

---

7. Oraremos para que ellos sean bendecidos

El perdón total implica un elemento adicional: orar para que la bendición de Dios descienda sobre las vidas de sus ofensores. "Pero yo os digo: Amad a vuestros enemigos, y orad por los que os persiguen" (Mateo 5:44). Cuando usted hace eso tal como Jesús lo dijo, está siendo verdaderamente libre.

Orar sinceramente por quienes le han hecho daño significa orar que ellos sean bendecidos, que Dios les muestre favor en lugar de castigo, que prosperen en todo. En otras palabras, usted ora para que ellos sean tratados de la forma en que quiere que Dios le trate a usted. Usted aplica la regla de oro cuando ora (ver Mateo 7:12). Usted no ora: "Dios, trata con ellos". No ora: "Señor, agárralos por lo que me hicieron". Ni tampoco es suficiente con decir: "Padre, los encomiendo a ti". Eso es escabullirse. Usted debe orar que ellos reciban perdón total, al igual que lo quiere para usted mismo.

Orar de esa manera, para citar a Juan Calvino, "es extremadamente difícil". Crisóstomo (344-407 d.C.) lo llamó la más alta cumbre del dominio propio. Y sin embargo, el sufrimiento de Job no terminó hasta que él hubo orado por aquellos "amigos" que se habían convertido en su aguijón en la carne (Job 42:10). Cuando hacemos eso, estamos siendo más semejantes a nuestro Padre celestial (ver Mateo 5:44). Eso es verdadera rectitud, la esencia misma de la semejanza a Cristo.

El perdón total implica un elemento adicional: orar para que las bendiciones de Dios desciendan sobre las vidas de sus ofensores.

Para mí, la mayor inspiración para vivir de esa manera se encuentra en la vida —y la muerte— de Esteban. Él es uno de mis héroes. Cuando leo Hechos 6:8-15 y considero el toque del Espíritu Santo en su vida, la incapacidad de sus enemigos para contradecir su sabiduría, los milagros que hizo y su aspecto radiante, me digo a mí mismo: *Daría cualquier cosa en el mundo por esa clase de unción.* Su secreto, sin embargo, surgió al final de su vida. Mientras sus enemigos le lanzaban piedras, él oraba —segundos antes de dar su último aliento—: "Señor, no les tomes en cuenta este pecado" (Hechos 7:60). Y ahí está el secreto de su inusual unción.

Si sigue usted preguntándose: "¿Cómo puedo saber que he perdonado totalmente a mi enemigo?" (mi traidor, mi cónyuge infiel, mi rudo padre, quien arruinó mi vida o quien ha hecho daño a nuestros hijos), yo respondo: "Poner en práctica estos siete principios es lo más cercano que usted puede estar de exhibir el *perdón total*".

Debo añadir una palabra de advertencia: Nunca vaya a una persona a la que haya tenido que perdonar y le diga: "Te perdono". Eso será contraproducente cada vez que lo haga a menos que sea a una persona que usted sabe que está anhelando que usted la perdone. De otra manera, creará usted una agitación con la que no será capaz de tratar. La persona le dirá: "¿Y por qué?". Es mi experiencia que nueve de cada diez personas a las que yo he tenido que perdonar sinceramente no sienten que hayan hecho nada malo. Me corresponde a mí perdonarlos de *corazón*; y quedarme callado acerca de ello.

USTEDES DEBEN ORAR ASÍ:
   "PADRE NUESTRO QUE ESTÁS EN EL CIELO,
   SANTIFICADO SEA TU NOMBRE,
   VENGA TU REINO,
   HÁGASE TU VOLUNTAD EN LA TIERRA COMO
   EN EL CIELO.
   DANOS HOY NUESTRO PAN COTIDIANO.
   PERDÓNANOS NUESTRAS DEUDAS,
   COMO TAMBIÉN NOSOTROS HEMOS
   PERDONADO A NUESTROS DEUDORES.
   Y NO NOS DEJES CAER EN TENTACIÓN,
   SINO LÍBRANOS DEL MALIGNO".
PORQUE, SI PERDONAN A OTROS SUS OFENSAS,
TAMBIÉN LOS PERDONARÁ A USTEDES SU PADRE
CELESTIAL. PERO, SI NO PERDONAN A OTROS SUS
OFENSAS, TAMPOCO SU PADRE LES PERDONARÁ
A USTEDES LAS SUYAS.

—MATEO 6:9-15

CAPÍTULO TRES

EL PADRENUESTRO Y EL PERDÓN

Puede parecer sorprendente para algunos que personas que no son cristianas puedan aprender a perdonar. Yo creo que hay grados de perdón. Una persona que no es cristiana podría demostrar lo que puede llamarse "perdón limitado" y sentirse muy bien por ello. Si una persona está suficientemente motivada, él o ella pueden lograr un alto grado de satisfacción interior venciendo la amargura. Mahatma Gandhi apelaba a un sentido de valor y heroísmo cuando dijo: "Los débiles nunca pueden perdonar. El perdón es el atributo de los fuertes". Por otro lado, el Presidente John F. Kennedy dijo: "Perdona a tus enemigos, pero nunca olvides sus nombres". ¡Rara vez eso es perdón total!

La Biblia nos insta a perdonar: totalmente. Es muy sorprendente, por tanto, saber que no hay enseñanza de este tipo de perdón en el judaísmo. Después del Holocausto, hubo un consenso en que el pueblo judío nunca perdonaría: nunca. La idea de que un judío se convierta en un creyente en Jesús como el Mesías y que luego ore junto con un creyente palestino es impensable para la mayoría de los judíos en la actualidad. Pero eso está ocurriendo, incluso en Israel. Uno desearía que este tipo de cosas ocurriera en las iglesias de cristianos gentiles, ¡donde a menudo se justifica la amargura!

Deberíamos decir sinceramente lo que decimos si escogemos orar el Padrenuestro.

"PERDÓNANOS NUESTRAS DEUDAS"

Supongo que la quinta petición del Padrenuestro —"Perdónanos nuestras deudas como también nosotros perdonamos a nuestros deudores"— o, dicho de otra manera: "Perdónanos nuestros pecados como también nosotros perdonamos a quienes pecan contra nosotros", ha hecho mentirosas a muchas más personas que ninguna otra frase en la historia de la humanidad. Pero no culpemos a Jesús de eso, pues deberíamos decir sinceramente lo que decimos si escogemos orar el Padrenuestro. Y Jesús no dijo que tuviéramos elección; Él dijo: "Vosotros, pues, oraréis así".

Jesús consideró esa como la petición más importante en su oración. "Perdónanos nuestras deudas" es obviamente un ruego de perdón de Dios; pero después sigue la siguiente frase (o posiblemente la gran mentira): "como también nosotros perdonamos a nuestros deudores". Esta petición es tanto un ruego de perdón como una afirmación de que nosotros ya hemos perdonado a aquellos que nos hacen daño. En la versión de Lucas de este relato, Jesús dice: "Y perdónanos nuestros pecados, porque también nosotros perdonamos a todos los que nos deben" (Lucas 11:4). Allí el verbo *perdonar* está en tiempo presente; cuando oramos de esa manera, afirmamos que nosotros estamos perdonando a todos.

Yo he orado para que esta enseñanza marque una diferencia en las vidas de quienes la lean. Eso significa que he orado por usted. Tengo la sospecha de que hay muchas personas leyendo este libro que no necesariamente necesitan esta enseñanza, y hay algunos que la necesitan desesperadamente. No quiero que usted sienta una pseudo-culpa acerca de este tema; no quiero hacer que nadie se sienta condenado o amenazado. Pero si usted puede tomar esta palabra y aplicarla, creo que esta enseñanza puede marcar la diferencia en su vida.

Cuando usted hace esta petición: "Perdónanos nuestros pecados, porque también nosotros perdonamos a todos los que nos deben", le está pidiendo a Dios que perdone todos sus pecados. La palabra traducida como "deuda" o "pecado" viene de una palabra griega que simplemente significa "lo que se debe". Se utiliza de forma intercambiable con la palabra *pecados*. Justo después de que la oración termina, Jesús sigue diciendo: "Porque si perdonáis a los hombres sus ofensas...". Él quería expresar el significado de *pecado* cuando dijo la palabra *deuda*. Significa "lo que se le debe a Dios", y debido a que usted le debe a Él pura obediencia, no llegar a eso significa que usted está en deuda con Él. En el Padrenuestro, le pedimos que borre esa deuda de nuestra acta.

Cuando usted ora: "*Perdónanos* nuestras deudas" o "*perdónanos* nuestros pecados" le está pidiendo a Dios que le libere de su responsabilidad. "Perdonar" viene de una palabra griega que significa "dejar ser" o "enviar lejos". Por ejemplo, "dejar ser" significaría que Dios no haría nada para castigarlo a usted; Él se limitaría a dejarlo estar como está y borrar lo que usted debe. "Enviar lejos" significa que sus pecados serán alejados de usted y usted no tendría responsabilidad por ellos; en lugar de que usted tenga que pagar, Dios simplemente deja que no haya deuda.

Esta frase, sin embargo, no es una oración por salvación; no es lo que llamamos "la oración del pecador", la cual se resume en las palabras: "Dios, ten piedad de mí, pecador", y es esencialmente la manera en que una persona llega a Cristo (ver Lucas 18:13). Si rogáramos por salvación sobre la base de ya haber perdonado a otros, entonces nuestra salvación sería condicional; la mereceríamos si hubiéramos perdonado a los demás y no la mereceríamos si no lo hubiéramos hecho. Esto es, o sería, como si una vez que hubiéramos perdonado a todos, Dios dijera: "Muy bien, ahora te salvaré". Pero entonces solo podríamos mantener nuestra salvación mientras siguiéramos perdonando a todos. Si alguna vez dejáramos de hacerlo, entonces perderíamos nuestra salvación. Si el Padrenuestro, pues, fuera una oración que el incrédulo tiene que hacer, sería una oración por una salvación condicional, basada en las buenas obras.

Andar en luz significa seguir sin comprometer nada de lo que Dios le muestre que debe hacer.

Por el contrario, estas palabras constituyen una oración que solamente un creyente —alguien que puede verdaderamente llamar a Dios "Padre"— puede hacer. La verdad es que Jesús mismo reconoce lo que la Biblia generalmente afirma:

"¿Quién podrá decir: Yo he limpiado mi corazón, limpio estoy de mi pecado?"

—Proverbios 20:9

"Ciertamente no hay hombre justo en la tierra, que haga el bien y nunca peque."

—Eclesiastés 7:20

"Porque no hay hombre que no peque."

—1 Reyes 8:46

"Si decimos que no tenemos pecado, nos engañamos a nosotros mismos, y la verdad no está en nosotros."

—1 Juan 1:8

¿CUÁL ES EL PROPÓSITO DEL PADRENUESTRO?

¿Cuál, pues, es el propósito de esta oración? No es apelar a nuestras propias fuerzas, sino mantenernos en comunión con el Padre: "Pero si andamos en luz, como él está en luz, tenemos comunión unos con otros, y la sangre de Jesucristo su Hijo nos limpia de todo pecado" (1 Juan 1:7).

Para poder tener comunión con el Padre, porque Dios es luz y no hay ningunas tinieblas en él (1 Juan 1:5), todos nuestros pecados deben ser limpiados. Andar en luz significa seguir sin comprometer *nada de lo que Dios le muestre que debe hacer*. Pero si Él le muestra algo y usted lo barre debajo de la alfombra, años después se preguntará por qué usted no ha crecido espiritualmente. La razón será porque usted pospuso la obediencia; no hubo una verdadera comunión con el Padre.

El Padrenuestro está diseñado para guardarnos de tener una actitud farisaica. Todos tenemos ese problema, y la mayoría de nosotros luchamos con él todos los días. Por naturaleza queremos justificarnos, y de forma instintiva queremos señalar con el dedo. Esta oración nos ayuda a mantenernos con los pies en la tierra espiritualmente hablando y nos da objetividad acerca de nosotros mismos. Esta oración nos muestra que necesitamos un perdón diario tanto como necesitamos el pan diario.

Hay dos cosas que Jesús da por sentado en el Padrenuestro: que las personas nos han hecho daño y que nosotros mismos necesitaremos ser perdonados. Todos estamos destituidos de la gloria *de Dios*, y a menudo otras personas no llegan a tratarnos con la dignidad, el amor y el respeto que a nosotros nos gustaría. Nosotros hemos hecho daño a Dios, y queremos que se nos libere de la responsabilidad; las personas nos han hecho daño, y nosotros debemos liberarlos de la responsabilidad.

Esta oración nos muestra que necesitamos un perdón diario tanto como necesitamos el pan diario.

¿De que formas ha sido usted herido por otras personas? Quizá le hayan desacreditado o deshonrado; puede que se haya sentido decepcionado por la ingratitud de la gente. Quizá hayan mentido acerca de usted o se hayan aprovechado; puede que la gente no haya sido muy agradecida; puede que hayan sido desleales. Piense en alguien en su vida que le haya desacreditado. Piense en alguien en su vida que le haya decepcionado porque no fue agradecido. Jesús nos está diciendo que así son las personas.

Puede que usted no se dé cuenta, pero usted les hace esas mismas cosas a otras personas. ¿No le gustaría que ellos le liberaran *a usted* de la responsabilidad? Usted ora para que Dios no le castigue a usted con todo rigor, y sin embargo ora para que Dios castigue a los demás con todo rigor.

En una ocasión, en un momento crítico en mi vida, yo quería acercarme más a Dios, pero también sabía que tenía que perdonar a alguien que me había herido. Fue como si Dios me detuviera en medio de la frase y dijera: "R. T., ¿sabes lo que estás pidiendo? Eso significa que quieres que yo les perdone y les bendiga". Una cosa es decir a Dios que los perdone y sin embargo esperar que Él no lo haga, pero otra cosa es decirlo con sinceridad. En aquel momento yo tuve que tomar una decisión. ¿Quería yo que Dios me tomara en serio, que los perdonara verdaderamente y les liberara de la responsabilidad? ¿Quiere usted que Dios le libere *a usted* de la responsabilidad? Como mencioné previamente, todos nosotros tenemos cosas que ocultar. ¿Y si Dios decidiera, debido a que usted se negó a perdonar a otra persona, sacar a la luz algo oculto sobre usted y dejar que todo el mundo supiera lo que Él sabe sobre usted? Es una motivación bastante buena, si usted me pregunta, decir: "Dios, perdónalos. Sí, muchas gracias. Por favor, perdónalos".

UN CAMINO LIBRE

No solo necesitamos perdón diario tanto como necesitamos el pan diario, sino que también necesitamos orar diariamente para tener la gracia para perdonar a otros como un compromiso de por vida. No es fácil. Nunca nadie dijo que lo sería. Ha sido lo más difícil que yo he tenido nunca que hacer, pero seguir esa frase del Padrenuestro es el camino más libre hacia la comunión con Dios. No hay perdón para quien no perdona, pero no es una oración para justificación. Tampoco es una oración para mantenerlo a usted salvo. Es una oración por una comunión continua. Significa no señalar con el dedo, ni guardar rencor.

Tan pronto como Jesús terminó de enseñar a sus discípulos el Padrenuestro, añadió:

"Porque si perdonáis a los hombres sus ofensas, os perdonará también a vosotros vuestro Padre celestial."

—Mateo 6:14

Es como si Jesús añadiera una posdata al Padrenuestro: "Porque si perdonáis a los hombres sus ofensas, os perdonará también a vosotros vuestro Padre celestial". ¡Casi parece que por eso Él nos dio la oración desde un principio! ¿Por qué Jesús añade esa afirmación? Está demostrando cuál de las peticiones era la más importante. La tendencia más natural del mundo es querer venganza cuando alguien nos ha ofendido. Es tan natural como el comer o el dormir, y es instintiva. Jesús nos dice que hagamos algo que no es natural sino sobrenatural: perdonar totalmente a las personas —a veces a quienes están más cerca de nosotros— las ofensas que nos hacen. Yo mismo sigo luchando en esta área. Pero cuando yo perdono de forma verdadera y total, he cruzado y he pasado a lo sobrenatural, y he alcanzado un logro igual a cualquier milagro.

No sólo necesitamos perdón diario tanto como necesitamos el pan diario, sino que también necesitamos orar diariamente para tener la gracia para perdonar a otros como un compromiso de por vida.

El reino de los cielos es el dominio del Espíritu Santo. Cuando el Espíritu Santo se siente en su hogar en nosotros, significa que no está entristecido, que puede ser Él mismo; Él no se ajusta a nosotros, sino nosotros a Él. Cuando Jesús dijo: "Porque si perdonáis a los hombres sus ofensas, os perdonará también a vosotros vuestro Padre celestial", no estaba hablando de cómo alcanzar la salvación. Se estaba refiriendo a recibir la unción de Dios y participar en una relación íntima con el Padre. A menos que estemos andando en un estado de perdón hacia otros, no podemos tener una relación íntima con Dios.

SER SINCEROS CON NOSOTROS MISMOS ACERCA DE LA AMARGURA

Aquí está una verdad aún más difícil: Juan dice: "Si decimos que tenemos comunión con él, y andamos en tinieblas, mentimos, y no practicamos la verdad" (1 Juan 1:6). Una manera de andar en tinieblas es teniendo amargura en nuestros corazones hacia otros; amargura que crea confusión en nuestras mentes y opresión en nuestros corazones. Puede que usted diga: "Oh, pero yo *tengo* comunión con Dios". No, no la tiene. Usted simplemente *afirma* tener comunión con Dios si hay amargura en su corazón. Y si afirmamos tener comunión con Dios pero andamos en tinieblas, mentimos.

Andar en tinieblas es la consecuencia de la falta de perdón. Cuando yo no perdono, podría pasarme horas cada día en oración, pero no estoy teniendo una comunión genuina con Dios. Si yo no puedo perdonar a la persona que ha hecho daño a alguno de mis seres queridos, he perdido mi relación íntima con el Padre. Puede que incluso siga predicando, y puede que la gente diga: "¡Oh, qué maravilloso sermón! ¡Debe usted de estar muy cerca de Dios!". Yo puedo cantar alabanzas al Señor con mis manos levantadas, y puede que usted diga: "¡Oh, miren cómo R. T. adora al Señor!". Yo podría actuar de tal manera que usted pensara que yo soy la persona más santa de la iglesia, pero si tengo amargura en mi interior o guardo rencor contra alguien, soy un mentiroso. No puedo andar en luz cuando estoy realmente en tinieblas.

Jesús tiernamente nos muestra en el Padrenuestro que nosotros seremos heridos, y lo seremos por personas que nunca hubiéramos imaginado. Podríamos pensar: *Bien, sí, puedo imaginar que fulanito me haga daño, ¡pero nunca pensé que serías tú!* El Salmo 41:9 predice con candidez aquello de lo que Jesús nos advierte: "Aun el hombre de mi paz, en quien yo confiaba, el que de mi pan comía, alzó contra mí el calcañar". Seremos heridos por personas a quienes amamos. Lo que es más, Jesús llama "pecado" a los actos que ellos realizan contra nosotros.

Cuando las personas no tienen intención de herirnos

Ahora bien, hay más de un tipo de herida que causa daño y dolor. En algunos casos las personas le decepcionan haciendo cosas que ellos creen que son necesarias. No tienen intención de herirnos, pero lo hacen. Como padre o líder en la iglesia, usted a veces hace eso: debe tomar una decisión y luego decir: "Lo siento, pero así tiene que ser".

Cuanto mayor sea el pecado que usted deba perdonar, mayor es la medida del Espíritu que vendrá a usted.

Ha habido personas en mi vida que han tomado esa clase de decisiones. Aun cuando herirme no era su motivación, ellos sabían que sus decisiones me harían daño, y lo hicieron. En esos casos, la ofensa no es un pecado manifiesto que usted deba perdonar, pero a pesar de eso usted se siente herido.

Heridas causadas por la falta de sensibilidad

Por otro lado, hay personas en nuestro mundo cuyos actos son llamados "pecado". Y, una vez más, hay más de un tipo de tales pecados. Hay pecados que no se cometen a sabiendas, pero sin embargo se hacen sin ninguna sensibilidad hacia los sentimientos de los demás. Una persona puede que esté tan llena de sí misma —debido a su propia ira o ambición— que él o ella hieran a otras personas sin darse cuenta de ello. Nunca olvide que podría usted haber sido herido por otros sin que se dieran cuenta; todos nosotros pecamos cada día, y por lo tanto deberíamos orar diariamente por aquellos a quienes hayamos herido aun sin saberlo. Debemos aprender a desarrollar un espíritu de sensibilidad hacia quienes nos rodean. Cuanto más sensible sea al Espíritu Santo, más me daré cuenta de las personas que están sufriendo a mi alrededor. Recuerde las palabras escritas acerca de Jesús: "No quebrará la caña cascada" (Mateo 12:20). Yo quiero tratar a cada persona que encuentre de esa manera, pero me temo que no siempre lo hago. Hay, pues, un tipo de pecado en el que los ofensores no tienen malicia, no tienen odio, y su motivación no es la de hacernos daño, pero a pesar de eso pecan por su falta de sensibilidad hacia los demás.

Heridas causadas por pecados cometidos a sabiendas

Pero también hay pecados que se comenten deliberadamente. Algunas personas hacen cosas malas con sus ojos bien abiertos, y esas personas con seguridad tienen que saber que han hecho algo malo. Puede que usted diga: "¿Tengo que perdonar incluso eso?". La respuesta es: sí.

Sin embargo, hay un maravilloso consuelo: Cuanto mayor sea el pecado que usted deba perdonar, mayor es la medida del Espíritu que vendrá a usted. Por tanto, si tiene usted entre manos una situación extremadamente difícil, y dice: "Yo no puedo perdonar esto", puede que no se dé cuenta al principio de que ahí, servida en bandeja de plata, ¡está la oportunidad de recibir una medida de unción que otra persona ni siquiera podría llegar a obtener! Considérelo un desafío y una oportunidad; tómelo con ambas manos. Dé la bienvenida a la oportunidad de perdonar la más profunda de las heridas, la mayor de las injusticias, y recuerde que una mayor unción le está esperando. ¿Cuál es el pecado que debemos perdonar? Cualquier pecado que se haya cometido contra nosotros. Debemos comenzar por no juzgar, pues no nos corresponde a nosotros juzgar los motivos de otra persona. Reservar el juicio solo para Dios demuestra que ya estamos comenzando a perdonar. Debemos dejar en manos de Dios lo culpables que puedan ser nuestros ofensores delante de Él. Puede que no sepamos si lo que ellos hicieron fue o no deliberado; solamente podemos saber con seguridad que fuimos heridos. Puede que nuestros ofensores sean como son debido a que tuvieron una mala paternidad cuando eran niños. Estoy seguro de que todos nuestros hijos, tarde o temprano, se darán cuenta de en qué cosas hemos fallado como padres, y necesitarán perdonarnos. Yo he tenido que perdonar a mi padre por sus imperfecciones. Quizá usted tenga que perdonar a aquel maestro injusto o a aquel jefe incompetente. Además, también debe perdonar a un hermano o hermana cristiano que haya sido insensible.

Jesús está hablando acerca de un privilegio escogido. "Si perdonáis a los hombres"; es decir, si *escogen* hacerlo. Usted puede escoger no hacerlo. "La cordura del hombre detiene su furor, y su honra es pasar por alto la ofensa" (Proverbios 19:11). ¿Puede usted pensar en muchas otras cosas que puedan causar honra? ¿Que su funeral se realice en Westminster Abbey? ¿Que le den un título nobiliario? ¿Ganar una medalla de oro en los Juegos Olímpicos?

¿Ganar el premio Nobel de la paz? Puede que eso cause honra, pero Proverbios 19:11 dice: "La honra del hombre es pasar por alto la ofensa". Eso es muchísimo más espectacular ante los ojos de Dios que ganar una competición olímpica. Es honra *pasar por alto la ofensa*. Requiere cruzar a lo sobrenatural.

EL PERDÓN TOTAL ES UN PRIVILEGIO ESCOGIDO

El perdón total es un privilegio escogido. Es un privilegio ser recto: ser semejante a Dios y pasar este perdón a otra persona. ¿Por qué debiera usted querer perdonar? Porque usted valora la intimidad y la comunión con el Padre más que su deseo de ver que su enemigo sea castigado. Usted quiere la unción de Dios demasiado como para intentar buscar venganza.

Pero Jesús también lo expresa de manera contraria, por si acaso no hubiéramos ya entendido cuál es el punto: "Mas si no perdonáis a los hombres sus ofensas, tampoco vuestro Padre os perdonará vuestras ofensas" (Mateo 6:15).

Aunque no logramos la salvación por medio de nuestras obras, se requiere de nosotros que hagamos buenas obras, y una de ellas es perdonar a quienes nos han herido.

Esta, entonces, es la continuación de la posdata de nuestro Señor después del Padrenuestro. Somos arrinconados, y no hay manera de poder evitarlo. Perdonar a las personas es un asunto serio; no es opcional. Y sin embargo, para motivarnos a perdonar, Jesús debe decir: "Si no perdonáis, tampoco vuestro Padre os perdonará".

¿QUÉ OCURRE CUANDO NO PERDONAMOS?

¿Cuál, pues, es el resultado si no perdonamos? Si eso significa que perdemos nuestra salvación, se deriva que debemos ser salvos por las obras. No se equivoque en esto; cuando usted perdona a otra persona, eso es una obra, y es una buena obra. Pero le recordaría que el apóstol Pablo dijo: "Porque por gracia sois salvos por medio de la fe; y esto no de vosotros, pues es don de Dios; no por obras, para que nadie se gloríe" (Efesios 2:8-9). Pero Pablo añade: "Porque somos hechura suya, creados en Cristo Jesús para buenas obras, las cuales Dios preparó de antemano para que anduviésemos en ellas" (v. 10). Aunque no logramos la salvación por medio de nuestras obras, se requiere de nosotros que hagamos buenas obras, y una de ellas es perdonar a quienes nos han herido.

Aunque sabemos que somos *salvos* solamente por gracia, existen consecuencias si escogemos el camino de la falta de perdón. Algunos aspectos de nuestra relación con Dios no pueden cambiar, pero otros se ven afectados por las cosas que hacemos.

1. La salvación es incondicional; la comunión con el Padre es condicional

Cuando somos justificados ante Dios, somos declarados justos, y eso se produce por la fe. Cualquiera que transfiere la confianza que él o ella tenía en sus buenas obras —y confía en lo que Jesús hizo en la cruz— es acreditado por Dios con una justicia perfecta. Pero la comunión con el Padre en el camino hasta el cielo es condicional. El pecado no confesado —incluyendo la falta de perdón— en nuestras vidas puede obstaculizar nuestra comunión con el Padre.

2. La justificación ante Dios es incondicional; la unción del Espíritu es condicional

La unción —el poder del Espíritu en nuestras vidas— puede fluir y refluir. La Paloma puede descender y después alejarse volando por un tiempo, pero nuestra posición delante de Dios, debido a la justicia de Cristo acreditada a nosotros (Romanos 4:4-5), es permanente.

3. Nuestro estatus en la familia de Dios es incondicional; nuestra intimidad con Cristo es condicional

Somos hijos e hijas del Altísimo una vez hemos sido adoptados en la familia de Dios (ver Efesios 1:5). Estamos tan seguros en la familia de Dios como Jesús mismo lo está en la Trinidad. ¿Por qué? Hemos sido hechos coherederos con Cristo (Romanos 8:17). Somos salvos, pero nuestra intimidad con Cristo es condicional.

4. Nuestro destino eterno —si vamos al cielo o al infierno— está fijado, pero recibir una recompensa adicional es condicional

Una vez que somos salvos se nos asegura que iremos al cielo, pero recibir una herencia —una mayor recompensa— es condicional. Algunos puede que vayan al cielo sin recibir recompensa. "Si permaneciere la obra de alguno que sobreedificó, recibirá recompensa. Si la obra de alguno se quemare, él sufrirá pérdida, si bien él mismo será salvo, aunque así como por fuego" (1 Corintios 3:14-15).

Gracias a Dios que todo esto es cierto, pues si no habría pocos —si es que alguno— que se salvaran. Sin embargo, habiendo dicho eso, perdonar a otra persona es un acto que puede lograrse; puede hacerse, y es algo que usted y yo debemos continuar haciendo. No es suficiente con decir: "Bien, yo lo hice ayer. Ya he hecho lo que tenía que hacer. Demostré que pude hacerlo". Es un compromiso de por vida. Pero que nadie diga: "¡Eso está más allá de mi alcance!". Es posible hacerlo; puede que sea una lucha continua, pero tenemos el poder de vencer, y las consecuencias son maravillosas.

DIOS CONDENA UN ESPÍRITU NO PERDONADOR

Dios condena un espíritu no perdonador. "Si no perdonáis a los hombres sus ofensas, tampoco vuestro Padre os perdonará vuestras ofensas", dijo Jesús. ¿Por qué cree usted que Dios odia tanto un espíritu no perdonador? Hay tres razones:

1. Muestra indiferencia hacia lo más grande que Dios hizo

"Lo más grande" fue que Dios envió a su Hijo a morir en la cruz por nuestros pecados. Ser perdonado es lo más maravilloso del mundo, pero para poder perdonarnos, Dios pagó un precio muy alto. Yo pronostico que cuando lleguemos al cielo seremos capaces de ver, poco a poco, lo que significó para Dios enviar a su Hijo a morir en una cruz. Ahora solo vemos la punta de un iceberg. Vemos olas de gloria, y ellas nos vencen, pero hemos visto poco. Dios hizo por nosotros lo que no merecíamos. Él, por lo tanto, quiere que nosotros hagamos eso con otras personas que no lo merecen.

2. Interrumpimos el propósito de Dios en el mundo: la reconciliación

Dios ama la reconciliación. Él nos ha dado el ministerio de la reconciliación, y quiere que continúe. Cuando somos perdonados, Él quiere que nosotros hagamos lo mismo. Cuando nosotros interrumpimos eso, a Él no le gusta lo más mínimo. Nosotros interrumpimos lo que Él comenzó: primero, enviando a su Hijo a morir en una cruz, llamándonos eficazmente por su gracia y dándonos un perdón total. Pero nosotros interrumpimos ese flujo por no hacer lo mismo.

3. Dios odia la ingratitud

Dios conoce los pecados que Él nos ha perdonado, y ama una respuesta de gratitud. Mateo 18 relata la historia de un siervo que tenía una gran deuda. Se puso de rodillas ante su señor y dijo: "Ten paciencia conmigo, y yo te lo pagaré todo". El señor tuvo lástima de él, cancelando la deuda y dejándolo ir. El señor sabía las cosas que había perdonado a su siervo, pero después ese siervo salió y se encontró con uno de sus propios consiervos que le debía una cantidad mucho menor; lo agarró y comenzó a ahogarlo, diciendo: "Págame lo que me debes". El consiervo hizo exactamente lo que *él mismo* había hecho: se puso de rodillas y dijo: "Ten paciencia conmigo, y yo te lo pagaré todo". Pero aquel a quien se le había perdonado una deuda mucho mayor se negó a perdonar, y puso a su consiervo en la cárcel. ¡Pensar que pudiera haber tanta ingratitud! Al final el señor de los dos se enteró de ello, y el siervo no perdonador también fue llevado a la cárcel del deudor.

Entonces Jesús añadió: "Así también mi Padre celestial hará con vosotros, si no perdonáis de todo corazón cada uno a su hermano sus ofensas" (Mateo 18:35). Dios sabe lo que nosotros hemos hecho; conoce los pecados que Él nos ha perdonado, las cosas que nunca nadie escuchará. Si nosotros nos damos la vuelta y decimos: "Yo no puedo perdonar a esa persona lo que ha hecho", a Dios no le gusta eso en absoluto. Él odia la ingratitud.

CÓMO SE MANIFIESTA LA FALTA DE PERDÓN

Tener un espíritu no perdonador normalmente comienza con el resentimiento. El resentimiento se ve cuando una persona guarda rencor y se vuelve amargada en su interior. Esas personas están absortas con el odio y la auto-compasión; no pueden aceptar la posibilidad de que la persona que ha cometido un acto tan horrible contra ellos no sea descubierta. Quieren que sea expuesta; quieren que sea alzada para que todo el mundo vea lo que ha hecho.

Perdonar totalmente a otra persona es un acto que puede lograrse. Es posible hacerlo, y es algo que usted y yo debemos continuar haciendo.

El resentimiento conduce a traer a la mente una y otra vez lo que el ofensor hizo, volviendo a revivir exactamente lo que ocurrió. Usted no debiera darle vueltas al incidente… ni siquiera pensar en ello, pues no le traerá nada de alivio ni de liberación; en cambio, le hará estar aún más agitado.

Todo esto conduce a querer justicia, a querer venganza. Usted está determinado a hacer pagar a su ofensor, semejante al siervo a quien habían perdonado una gran deuda y que seguía diciendo: "Págame lo que me debes". Él había sido perdonado, pero no podía pasar ese perdón a otra persona.

¿Cómo hace usted que sus enemigos paguen por los delitos que han cometido contra usted? Una manera es amenazar con contar lo que usted sabe acerca de ellos y mantenerlos paralizados de temor. Quizá usted conozca un sucio secreto sobre alguien que le ha ofendido, y si usted lo cuenta, podría arruinar su vida. Sería gratificante dejar pender ese conocimiento sobre su cabeza de vez en cuando y decir: "Todavía podría contarlo". ¿Pero haría Jesús eso? ¿Tiene usted idea de lo mucho que le molesta a Dios que usted o yo nos comportemos de esa manera?

Escoger continuar en la falta de perdón muestra que no estamos lo bastante agradecidos por el perdón de Dios de nuestros pecados.

Habrá un día en que quienes no perdonen a otros tendrán que pagar. "Mas si no perdonáis a los hombres sus ofensas, tampoco vuestro Padre os perdonará vuestras ofensas" (Mateo 6:15). A Dios le desagrada cuando usted o yo hacemos rehén del temor a otra persona, sabiendo lo que Él nos ha perdonado a nosotros.

Puede que también busquemos nuestra propia venganza dañando la reputación de esa persona, evitando que otros piensen bien de ella. Puede que incluso llevemos el castigo un paso más allá y administremos justicia personalmente, intentando imponer el castigo más severo que esté a nuestra disposición. No importa que Dios diga: "Mía es la venganza". No importa que Dios diga: "Eso es algo que solo yo hago". Si *nosotros* lo hacemos, permítame hacerle una promesa: solamente será una décima parte de lo que *Dios* habría hecho. Si usted y yo no podemos esperar al tiempo y la manera de Dios, y decimos: "Voy a asegurarme de que se haga justicia", Dios dice: "Estás solo en esto".

El perdón es una elección que debemos hacer, y no es una elección que se hace fácilmente. Si fuera fácil, ¿por qué cree usted que Jesús lo volvería a mencionar después de haber terminado el Padrenuestro? Él sabe que el perdón es difícil. Tampoco fue fácil para Dios hacer lo que hizo, pero Él lo hizo de todas formas. Sacrificó a su Hijo, y nos pide que a cambio hagamos un pequeño sacrificio. Debemos hacer la elección de liberar de responsabilidad a nuestros enemigos, e incluso *orar* que Dios los libere de responsabilidad. Cuando usted hace eso y lo hace con sinceridad, *lo ha conseguido*. Él mira desde los cielos y dice que está bien; pero luego debe usted volverlo a hacer mañana. Debe hacer la elección y practicarla. El amor es un acto de la voluntad.

Escoger continuar en la falta de perdón muestra que no estamos lo bastante agradecidos por el perdón de Dios de nuestros pecados. Quizá no nos hayamos tomado lo suficientemente en serio nuestro propio pecado o nuestra propia redención. Probablemente lo único que queramos decir sea: "Bueno, ¡lo que yo hice no estuvo ni siquiera cerca de lo malo que fue lo que ellos hicieron!". ¡Y es ahí donde estamos equivocados! Dios odia la autojustificación tanto como odia la injusticia que usted cree que es tan horrible, y a Él, sin duda alguna, no le gusta que juzguemos. Por tanto, si debe usted olvidar los pecados que Dios le ha perdonado, al menos recuerde que uno de los pecados más atroces de todos es la autojustificación.

Yo nunca olvidaré el momento en que comprendí eso. Hace algunos años vi por primera vez el himno de John Newton:

Mucho tiempo me deleité en el mal
Sin tener en cuenta vergüenza o temor;
Hasta que un nuevo objeto golpeó mi vista,
Y detuvo mi loca carrera.[1]

Cuando leí esas palabras, de repente comprendí que yo había seguido una loca carrera de ser fariseo, tomándome demasiado en serio a mí mismo; me sentí muy avergonzado.

Comprenda esto: Tanto como Dios odia la autojustificación, ¡nos perdonará también ese pecado! Puede que usted diga: "Yo no he tenido un pensamiento obsceno sobre esa persona", o "no he caído en la inmoralidad como esa persona". Los pecados sexuales son un asunto serio, sin ninguna duda; pero para Dios, el pecado de la autojustificación es mucho peor.

Una de las principales causas de un espíritu no perdonador es la autojustificación. Cuando comprendemos la magnitud de los pecados que nos han sido perdonados, no podemos evitar estar agradecidos por lo que Dios ha hecho, y se hace fácil perdonar a otras personas.

NO VALORAR NUESTRA COMUNIÓN CON EL PADRE

Hay, sin embargo, otra causa de la falta de perdón: que no valoramos lo suficiente nuestra comunión con el Padre. No debería haber nada más importante para nosotros que nuestra relación con Dios. El apóstol Juan dijo: "Y nuestra comunión es con el Padre y con su Hijo, Jesucristo" (1 Juan 1:3). ¿Da usted un alto valor a sus tiempos de comunión con el Padre? Además, recibir una recompensa en el cielo ¿significa mucho o nada para usted? Si escoge usted no perdonar a otros, no le está dando hoy un valor suficientemente alto a las cosas que un día significarán todo para usted.

LAS CONSECUENCIAS DE UN ESPÍRITU NO PERDONADOR

¿Cuáles, entonces, son las consecuencias de albergar falta de perdón en nuestros corazones? ¿Qué quiso decir

Jesús exactamente cuando dijo: "Mas si no perdonáis a los hombres sus ofensas, tampoco vuestro Padre os perdonará vuestras ofensas" (Mateo 6:15)?

1. El Espíritu Santo es contristado

"Y no contristéis al Espíritu Santo de Dios, con el cual fuisteis sellados para el día de la redención" (Efesios 4:30). Su relación con el Espíritu Santo debería ser una de las prioridades más importantes en su vida. Cuando el Espíritu Santo es contristado, eso provoca una distorsión en nuestros pensamientos. El Espíritu no contristado es lo que nos capacita para manejar las cosas. Yo no sería capaz de realizar mi trabajo si el Espíritu Santo estuviera permanentemente contristado dentro de mí. No sería capaz de funcionar ni de pensar con claridad. Si yo le he dicho una palabra áspera a mi esposa, Louise, o a mis hijos, o a alguien que está a mi lado, o si he albergado sentimientos de resentimiento cuando intentaba preparar un sermón, es imposible. ¿Por qué? Mi actitud contrista al Espíritu.

No es distinto para usted. Usted quiere hacerlo lo mejor que pueda, ya sea trabajando con computadoras, siendo maestro, abogado, doctor o enfermera, o simplemente escribiendo una carta. Usted no quiere que el Espíritu Santo esté molesto con usted. No olvidemos que inmediatamente después de que Pablo nos amonestara a no contristar al Espíritu, añadió:

"Quítense de vosotros toda amargura, enojo, ira, gritería y maledicencia, y toda malicia. Antes sed benignos unos con otros, misericordiosos, perdonándoos unos a otros, como Dios también os perdonó a vosotros en Cristo."

—Efesios 4:31-32

2. Se le deja a usted solo

Negarse a perdonar significa que Dios se queda atrás y le deja a usted tratar con sus propios problemas en sus propias fuerzas. No muchas personas quieren vivir ese tipo de vida: arreglándoselas por sí mismos sin la ayuda de Dios. Personalmente, yo no podría soportarlo. La Biblia dice que el que se aparta "será hastiado de sus caminos" (Proverbios 14:14); por eso, cuando a uno se le deja que se las arregle solo y con la carne, se da rienda suelta a esas impensables capacidades hacia el pecado en esa persona. No solo eso, sino que Satanás también puede entrar; él tomará ventaja sobre nosotros si puede (ver 2 Corintios 2:11); explotará ese espíritu no perdonador, jugará con su autocompasión y, lo peor de todo es que usted puede pensar ¡que Dios está con usted en todo eso!

Es igual que cuando el diablo le dijo a Eva: "No moriréis" (Génesis 3:4), y ella dijo, en efecto: "Oh, bien, ¡gracias por eso!" y le creyó. El diablo vendrá a nuestro alrededor y dirá: "Ahora mira, normalmente sería cierto que debieras perdonar, pero lo que has tenido que perdonar es mucho peor que las ofensas de ningún otro, así que Dios te hace exento". Y usted dice: "¡Oh, gracias por eso!", y es lo bastante necio como para creerlo.

Negarse a perdonar significa que Dios se queda atrás y le deja a usted tratar con sus propios problemas en sus propias fuerzas.

En primer lugar, el Espíritu Santo es contristado y usted no es capaz de pensar con claridad. En segundo lugar, el diablo gana acceso porque Dios le deja a usted que se las arregle solo. Pero usted sigue comenzando a imaginar que Dios está con usted, y que usted está perfectamente justificado en su enojo. Una vez que eso ha ocurrido, no se sorprenda si al final cae usted en otros pecados; y puede que incluso comience a hacer cosas que nunca pensó que haría. Cuando el diablo obtiene una entrada, usted comienza a comprometer todo tipo de cosas relativas al dinero, al sexo y a la integridad. Una vez conocí a un hombre que cayó en inmoralidad sexual, pero el verdadero comienzo de la raíz del pecado en su vida fue su amargura. La amargura puede parecer que está a mil kilómetros de la inmoralidad sexual, pero ese hombre no perdonó a quien le había ofendido y al final cayó en la inmoralidad sexual. ¿Por qué? Se le dejó que se las arreglara solo.

3. Usted obliga a Dios a convertirse en enemigo suyo

"¿De dónde vienen las guerras y los pleitos entre vosotros? ¿No es de vuestras pasiones, las cuales combaten en vuestros miembros? Codiciáis, y no tenéis; matáis y ardéis de envidia, y no podéis alcanzar; combatís y lucháis, pero no tenéis lo que deseáis, porque no pedís. Pedís, y no recibís, porque pedís mal, para gastar en vuestros deleites. ¡Oh almas adúlteras! ¿No sabéis que la amistad del mundo es enemistad contra Dios? Cualquiera, pues, que quiera ser amigo del mundo, se constituye enemigo de Dios."

—Santiago 14:1-4

La razón por la cual Dios le trata como un enemigo es porque, al no perdonar a otros, usted está realmente diciendo: "Dios, apártate; ¡quiero hacer tu trabajo!". Usted se corona a usted mismo como juez, jurado y ejecutor, e intenta tomar el lugar de Dios. Solo Él es el Juez justo, y siendo justo, hará lo correcto. Él limpiará el nombre de usted y tratará con justicia a quienes lo hayan herido. Él siente lo que usted siente, pero si usted decide hacer el trabajo por Él, Él se convierte en su enemigo. Siempre que juzguemos a otro, no saldremos impunes. No juzgue, y no será juzgado; juzgue, y será usted juzgado. Es tan sencillo como eso.

4. Usted pierde el potencial de su unción

Cuando usted no perdona, la unción que Dios podría haberle dado es apartada, y usted se vuelve semejante a un caparazón vacío. Puede que continúe durante un tiempo, porque los dones de Dios son irrevocables (ver Romanos 11:29). Aun el rey Salomón profetizó durante un tiempo después de que el Espíritu le hubiera dejado, pero al final lo perdió todo.

La razón por la cual Dios le trata como un enemigo es porque, al no perdonar a otros, usted está realmente diciendo: "Dios, apártate; ¡quiero hacer tu trabajo!".

En lugar cercano a mi salvación, yo considero la unción como lo más precioso que tengo en esta tierra; no quiero perder la unción de Dios. Puede que prosperemos por un tiempo; el ímpetu de otros dones en nosotros puede hacernos creer que seguimos teniendo la unción de la que disfrutamos ayer. Pero quédese con esto: Guardar rencor e intentar castigar y hacer justicia cortará su unción. La pérdida se hará evidente más tarde o más temprano, a menos que usted escoja perdonar, y perdonar totalmente.

5. Una comunión no auténtica con el Padre

Lo que ocurre a menudo cuando no perdonamos es que comenzamos a vivir en un mundo de ensueño. Estamos profundamente dormidos y no lo sabemos hasta que nos despertamos y decimos: "¡Oh, me quedé dormido!". Cuando dormimos profundamente, puede que hagamos cosas que nunca haríamos cuando estamos despiertos. Me gustaría que este capítulo fuera un llamado a despertar. ¿Es usted como el hijo pródigo que al final "volvió en sí" (Lucas 15:17)? Es un asunto serio: "Si decimos que tenemos comunión con él y andamos en tinieblas, mentimos y no andamos en la verdad" (1 Juan 1:6).

Cuando usted no perdona, la unción que Dios podría haberle dado es apartada, y usted se vuelve semejante a un caparazón vacío.

Jesús dijo: "Si no perdonáis a los hombres sus ofensas, tampoco vuestro Padre os perdonará vuestras ofensas". Tan duro como esto parezca, hay una tierna frase que se encuentra en este versículo: "vuestro Padre". Dios sigue siendo su Padre, sin importar cuántas veces peque usted contra Él.

Por tanto, cuando se trata del perdón de pecados, hay dos niveles. Uno es lo que llamaríamos forense: se refiere a lo que es legal, y es la esencia de ser justificado. Dios declara legalmente que somos justos. Es la manera en que Dios nos ve en Cristo: legalmente, como si nunca hubiéramos pecado. Pero también está el nivel espiritual, en el que no solo somos declarados justos sino que también disfrutamos de una experiencia espiritual que viene de ser perdonados.

Es esta experiencia la que usted pierde cuando está en un estado de falta de perdón. ¿Por qué dio Jesús esta palabra en su oración modelo? Tenía que motivarnos. Es una advertencia a la que todos debemos prestar atención. Y si una persona que no es cristiana puede ser motivada a perdonar, aun cuando sea de una forma limitada, ¿cuánto más deberíamos nosotros como cristianos ser motivados por el Espíritu Santo a perdonar, y a hacerlo totalmente?

NO JUZGUEN A NADIE,
PARA QUE NADIE LOS JUZGUE A USTEDES.
PORQUE TAL COMO JUZGUEN SE LES JUZGARÁ,
Y CON LA MEDIDA QUE MIDAN A OTROS,
SE LES MEDIRÁ A USTEDES.

—MATEO 7:1-2

CAPÍTULO CUATRO

JUGAR A SER DIOS

Podría llevarle a usted al mismísimo lugar: una mesa en el ala Duke Humphrey de la biblioteca Bodleian en Oxford. Yo estaba en proceso de descubrir las obras del gran William Perkins (1558-1602), un puritano isabelino. Llegué aquel día sintiéndome muy desanimado e inferior comparado con los otros alumnos en Oxford. Ahí estaba yo, proveniente de las montañas de Kentucky, un lugar conocido no exactamente por sus centros de excelencia académica. Mi mente me sugirió: *Tú no perteneces a este lugar*. En ese punto, mis ojos se posaron sobre estas palabras de William Perkins: "No crea al diablo, ni siquiera cuando diga la verdad".

El diablo estaba jugando a ser Dios aquel día. A él le encanta jugar a ser Dios, y quiere que nos unamos a él y juguemos también a ser Dios.

Cuando Jesús dijo: "Sed, pues, vosotros perfectos, como vuestro Padre que está en los cielos es perfecto" (Mateo 5:48), estaba preparando el escenario para un nivel de perfección más alto del que muchos cristianos han pensado nunca en luchar para lograr. Lo que vemos en las palabras de Jesús —"No juzguéis, para que no seáis juzgados"— es un ejemplo de este nivel de perfección: no la perfección sin pecado de Cristo, sino un nivel de madurez que nos permita tener una verdadera intimidad con Dios y una mayor unción. Mateo 5:7 nos dice: "Bienaventurados los misericordiosos, porque ellos alcanzarán misericordia", porque ser misericordioso es mostrar gracia. Pablo dijo: "Vuestra gentileza sea conocida de todos los hombres" (Filipenses 4:5).

Como vimos anteriormente, la palabra *gentileza* en este pasaje viene de una palabra griega que significa literalmente "tener gracia o misericordia". Cuando usted podría aplicar la máxima sanción a alguien pero en cambio le muestra misericordia, está usted eligiendo mostrar gracia.

Juzgar es lo contrario de mostrar gracia, y mostrar gracia es la consecuencia de una elección. Recuerde que siempre que escoja juzgar, no estará usted mostrando gracia. Juzgar a otra persona es en realidad una crítica no solicitada. Eso es lo que Jesús quería decir con juzgar. Cuando Jesús dice: "No juzguéis", no nos está diciendo que ignoremos lo que está mal; nos dice que no demos ninguna crítica no solicitada, es decir, una crítica que es injusta o injustificada.

Cuando hable con otra persona, o acerca de otra persona, pregúntese si lo que está a punto de decir suplirá su necesidad:

- Necesario: ¿es necesario decir eso?
- Alentador: ¿alentará a esa persona? ¿Le hará sentirse mejor?
- Edificar: ¿edificará eso? ¿edificará lo que usted dice a la persona y la hará más fuerte?
- Dignificar: ¿dignificará a esa persona? Jesús trató a otras personas con un sentido de dignidad.

La crítica que es o bien injusta o bien injustificada, aun si es verdadera, no debería expresarse. El hecho de que lo que usted vaya a decir sea cierto no necesariamente hace que sea correcto decirlo. A menudo las acusaciones de Satanás son verdaderas; él es un experto en ser juez; incluso se le llama "el acusador de nuestros hermanos" (Apocalipsis 12:10). Puede que usted esté señalando con el dedo y hablando palabras de verdad, pero puede que inconscientemente sea un instrumento del diablo a medida que usted habla.

La palabra *juzgar* viene de la palabra griega *krino*, la cual básicamente significa "hacer una distinción". Hacer una distinción entre dos cosas muchas veces es algo bueno; saber discriminar puede ser prudente, y también sabio. El apóstol Pablo dijo: "El hombre espiritual juzga todas las cosas" (1 Corintios 2:15). Se nos dice que hagamos juicios justos, pero de lo que Jesús habla aquí es de juzgar a *personas* y criticarlas injustamente. Esa es nuestra manera de jugar a ser Dios.

Puede que usted esté interesado en saber que yo probablemente haya trabajado más en este capítulo en particular que en ningún capítulo de ningún libro de los que he escrito. Por años he leído Lucas 6:37 cada día, que dice: "No juzguéis y no seréis juzgados". Hace muchos años yo tomé la decisión de leerlo cada día, y aún sigo haciéndolo; cada día. ¿Por qué he escogido ese versículo en particular para centrarme en él? Porque juzgar sea probablemente mi mayor debilidad.

Juzgar a otras personas es casi siempre contraproducente. Cuando yo juzgo a otra persona puede que esté pensando: *Lo que quiero hacer es cambiar a esta persona y enderezarla.* ¡Pero casi siempre tiene el efecto contrario! Tarde o temprano me saldrá el tiro por la culata. La otra persona se ofenderá, y la situación no se resuelve.

El grado hasta el cual resistamos la tentación de juzgar será el grado hasta el cual nosotros mismos nos libremos de ser juzgados. "No juzguéis, para que no seáis juzgados". En Mateo, esta afirmación se da como una advertencia, pero en Lucas se da como una promesa:

"No juzguéis, y no seréis juzgados; no condenéis, y no seréis condenados; perdonad, y seréis perdonados."

—Lucas 6:37

SER CRÍTICOS CON OTROS

Evite, pues, lanzar críticas y usted escapará de ser criticado. Ser juzgado es doloroso, sea o no cierta la acusación. Cuando somos criticados, no nos gusta; es doloroso, y duele. Es más difícil decir qué es más doloroso, si ser falsamente acusado o ser acusado con verdad. A la mayoría de nosotros no nos gusta ninguna de las dos situaciones.

El grado hasta el cual resistamos la tentación de juzgar será el grado hasta el cual nosotros mismos nos libremos de ser juzgados.

En este versículo registrado en Lucas, Jesús enseña acerca de juzgar apelando de nuevo a nuestro propio interés, pero eso no debiera sorprendernos. Dios a menudo hace eso; Él nos motiva con la idea de lo que podemos recibir si seguimos sus instrucciones, y lo que recibiremos si no lo hacemos. Aquí Jesús utiliza la palabra griega *hina*, la cual significa "propósito"; a menudo se traduce "para que". Lo que Jesús quiere decir verdaderamente es: "No juzguéis para que no seáis juzgados".

Jesús nos ha dado una razón pragmática para no juzgar. Si a usted no le gusta ser juzgado, entonces deje de juzgar a otras personas. Esto, de forma obvia e inmediata, apela a nuestro propio interés.

No nos gusta ser juzgados. Como dijo en una ocasión Somerset Maugham: "Cuando las personas piden críticas, realmente quieren elogios". Antes de que este libro llegue a sus manos, puede usted estar seguro de que mis amigos íntimos lo habrán leído antes. Aunque puede que yo agradezca sus palabras amables, *debo* tener sus críticas; y las palabras críticas, a pesar de lo necesarias que son, ¡dolerán un poco!

Dios *podría* juzgarme a mí con toda severidad en cualquier momento, pero *no* lo hará; esto es, a menos que Él me vea señalando con el dedo a otra persona. Entonces Dios dirá: "Lo siento R. T., pero debo intervenir y tratar contigo. Deberías haberlo sabido". Dios mismo se encargará de que yo sea juzgado si yo juzgo a los demás.

Es muy fácil criticar. Uno no necesita leer un libro sobre cómo desarrollar un dedo que señale a los demás; uno no necesita más educación, un mayor coeficiente intelectual o mucha experiencia para ser bueno en ello, y juzgar no es ciertamente una señal de que uno sea más espiritual. Muchas veces se ha dicho que un poco de aprendizaje es algo peligroso. Algunas veces un poco de espiritualidad también es algo peligroso, porque uno puede ser justo lo bastante espiritual para ver lo que está mal en los demás y señalar con el dedo. La verdadera prueba de la espiritualidad ¡es ser capaz de *no* señalar con el dedo!

Puede que usted diga: "Bien, tengo que decir algo, ¡o nadie más lo hará!". ¿Y qué si nadie más lo hace? La persona a la cual está usted juzgando probablemente no quiera escucharlo, así que de todas formas en realidad no estamos ayudando. Cuando los demás son juzgados, normalmente se sentirán peor pero no cambiarán su comportamiento. La Palabra de Dios es un mandato práctico. Él dice: "¡Deja de hacerlo!".

"Si quitares de en medio de ti el yugo, *el dedo amenazador*, y el hablar vanidad; y si dieres tu pan al hambriento, y saciares el alma afligida, en las tinieblas nacerá tu luz, y tu oscuridad será como el mediodía."

—Isaías 58:9-10, énfasis añadido

Considere la atmósfera en la que vive cuando está vacía de crítica. ¡Qué agradable es cuando todos vivimos en armonía! (ver Salmo 133:1). Es muy dulce y muy bueno. Ahora considere el dolor que se produce cuando alguien le critica a usted. Si a usted no le gusta ser criticado, ¡no critique a otros! Se podría ahorrar mucho dolor si las personas aprendieran a controlar sus lenguas.

La verdadera prueba de la espiritualidad es ser capaz de no señalar con el dedo.

Pablo nos enseña: "Sea vuestra palabra siempre con gracia, sazonada con sal, para que sepáis cómo debéis responder a cada uno" (Colosenses 4:6). Pedro añade estas palabras: "No devolviendo mal por mal, ni maldición por maldición, sino por el contrario, bendiciendo, sabiendo que fuisteis llamados para que heredaseis bendición" (1 Pedro 3:9). Jesús mismo dijo: "Mas yo os digo que de toda palabra ociosa que hablen los hombres, de ella darán cuenta en el día del juicio" (Mateo 12:36). ¡Esto es suficiente para hacerme vigilar lo que digo!

La crítica no solicitada normalmente crea una reacción a la defensiva en la otra persona que conduce a un contraataque. Si yo le juzgo a usted por algo, usted inmediatamente dice:

—Sí, ¿pero y usted? Le vi hacer esto; ¡le oí decir aquello!

—Oh no, ¡no lo hice!

—Oh sí, ¡si que lo hizo!

Esas conversaciones con casi siempre contraproducentes, y también captan la atención de Dios.

La versión de la Biblia *Dios Habla Hoy*, traduce Mateo 7:1: "No juzguen a otros, para que *Dios* no los juzgue a ustedes" (énfasis añadido). Eso es precisamente lo que Jesús está enseñando: es Dios quien hará el juicio. El juicio inmediato de usted bien puede ser la persona que responderá, pero incluso eso puede ser obra de Dios.

Según Jesús, esta dolorosa consecuencia es justa, porque si alguien nos juzga porque primero nosotros lo juzgamos a él o ella, estamos recibiendo lo que nos merecemos. Puede que la otra persona no mereciera lo que nosotros le dimos, pero nosotros nos merecemos lo que él o ella nos haya dado.

Hay dos niveles de motivación para aplicar las palabras de Jesús. El primero, o más bajo, es el interés propio. Jesús apela a este primer nivel cuando nos advierte del juicio de Dios sobre quienes juzgan. No es necesariamente algo malo estar motivado por el interés propio; Jesús incluso lo fomentó.

Pero hay un nivel más elevado por el cual luchar: evitar contristar al Espíritu Santo. Cuando contristamos al Espíritu, perdemos nuestra serenidad y nuestra capacidad para pensar con claridad. Puede que incluso perdamos nuestro dominio propio.

> "Y la lengua es un fuego, un mundo de maldad. La lengua está puesta entre nuestros miembros, y contamina todo el cuerpo, e inflama la rueda de la creación, y ella misma es inflamada por el infierno."
>
> —Santiago 3:6

Todo el infierno puede desatarse cuando no aprendemos a controlar nuestras lenguas.

El nivel más bajo de motivación, por tanto, es: evite problemas innecesarios. El nivel más alto es: no contriste al

Espíritu Santo; mantenga su comunión continua con Él, fluyendo en el Espíritu y caminando en el Espíritu.

Si invita usted a Dios a que se implique en su vida, Él lo hará; pero en el mismo momento en que usted señale con el dedo a otra persona, Él se implicará de una manera que puede que a usted no le guste. Él bien podría comenzar a juzgarlo a *usted* —no a los demás— por estar juzgando. Si yo resiento que otra persona salga impune y escape del castigo, es porque estoy celoso de su situación, de que a ella se le muestre misericordia cuando debiera recibir justicia.

De todo lo que existe, los celos son una de las cosas más difíciles de ver en uno mismo.

De todo lo que existe, lose celos son una de las cosas más difíciles de ver en uno mismo. Yo puedo verlos en usted, ¡pero nunca en mí! No querríamos admitir una falta como esa, y la negaremos tanto tiempo como podamos. Los celos a veces surgen del temor de que una persona no obtenga justicia. Todos queremos misericordia para nosotros mismos pero justicia para los demás.

NATÁN Y DAVID

Muchas veces queremos juzgar a otra persona porque estamos emocionalmente implicados; y podemos llegar a estar emocionalmente implicados simplemente por escuchar algo que nos moleste, algo que apele a nuestro sentido de la justicia propia. Eso es lo que ocurrió cuando el profeta Natán llegó ante el rey David quien, dos años antes, había cometido los pecados de adulterio y asesinato. Natán no fue a David el día después de que Betsabé se quedara embarazada, ni la semana después de que Urías heteo fuera muerto. Debido a que no le habían descubierto por dos años, David probablemente pensó: *¡Voy a salir impune de esto!* Pero entonces, inesperadamente, saliendo de la nada, llegó el profeta Natán:

—David, ¡tengo que decirte algo!

—Natán, ¡me alegro de verte! Vamos, ¡entra!

Natán le contó a David una parábola, y luego llegó al meollo de la cuestión:

"Y vino uno de camino al hombre rico; y éste no quiso tomar de sus ovejas y de sus vacas, para guisar para el caminante que había venido a él, sino que tomó la oveja de aquel hombre pobre, y la preparó para aquel que había venido a él."

—2 Samuel 12:4

David ardió en ira contra el hombre rico, y pronunció sentencia sobre esa tremenda injusticia: "Vive Jehová —esas son palabras muy fuertes, tomar un juramento—, que el que tal hizo es digno de muerte. Y debe pagar la cordera con cuatro tantos, porque hizo tal cosa, y no tuvo misericordia" (2 Samuel 12:5-6).

Y entonces Natán le dijo a David: "Tú eres aquel hombre" (v. 7).

David no sabía que con su decreto había pronunciado sentencia sobre sí mismo. Natán también confirmó la sentencia: "No se apartará jamás de tu casa la espada" (2 Samuel 12:10).

JUZGAR ES PRERROGATIVA DE DIOS

Juzgar a las personas es colarse en territorio exclusivo de Dios. Como ya hemos visto, Deuteronomio 32:35 ("Mía

es la venganza, yo pagaré") se cita dos veces en el Nuevo
Testamento (Romanos 12:19; Hebreos 10:30). Eso significa: ¡ese no es trabajo de *usted*! Dios dice: "Ese es privilegio
mío". Juzgar es prerrogativa de Dios, y de nadie más. Si
nosotros entramos en su territorio, Dios nos mira y dice:
"¿De verdad? Debes de estar bromeando". Entrar en el
territorio del Juez eterno captará su atención; ¡pero no la
clase de atención que nosotros queremos!

La palabra *piadoso* significa "ser semejante a Dios", y
hay ciertos aspectos del carácter de Dios que se nos manda
imitar; por ejemplo, se nos manda que vivamos vidas san-
tas: "Sed santos, porque yo soy santo" (1 Pedro 1:16). Se
nos manda que mostremos misericordia a nuestro prójimo:
"Sed, pues, misericordiosos, como también vuestro Padre
es misericordioso" (Lucas 6:36). Dios quiere que caminemos con integridad; quiere que caminemos en verdad y sinceridad. Pero hay un aspecto del carácter de Dios donde *no
se permite pasar*, y en el momento en que comenzamos a
señalar con el dedo a otras personas, estamos dentro: estamos pecando. Ese aspecto es ser juez.

Si usted y yo somos lo bastante necios para expresar una
crítica no solicitada, deberíamos recordar tres cosas:

- Dios está escuchando.
- Él sabe la verdad sobre nosotros.
- Él es implacablemente justo.

Como dice Malaquías:

> "Entonces los que temían a Jehová hablaron cada uno a
> su compañero; y Jehová escuchó y oyó, y fue escrito libro
> de memoria delante de él para los que temen a Jehová, y
> para los que piensan en su nombre."
> —Malaquías 3:16

Juzgar a las personas es colarnos en
territorio exclusivo de Dios.

¡Nunca olvide que Dios sabe la verdad sobre nosotros!
"Y no hay cosa creada que no sea manifiesta en su presencia; antes bien todas las cosas están desnudas y abiertas a los ojos de aquel a quien tenemos que dar cuenta" (Hebreos 4:13). ¿Qué le parecería a usted si, cuando está señalando con el dedo a otra persona, apareciera un ángel del cielo y dijera: "¡Detente! Esto es lo que sé sobre *ti*", y después revelara sus pecados secretos a la persona a la que estuviera usted juzgando? Dios podría hacer eso. Mientras está usted ocupado señalando con el dedo, Dios puede mirar desde el cielo con los ángeles y decir: "No puedo creer que él hable de esa manera, ¡porque nosotros sabemos todo sobre *él*!".

David había olvidado lo que había hecho hasta que Natán llegó a él. Nosotros también puede que comencemos a pensar: *Todo va bien; estoy sirviendo al Señor*. Puede que olvidemos los pecados que nos han sido perdonados, pero Dios sigue mostrando gracia. El hecho de que Él esté usando a cualquiera de nosotros en su reino no significa que seamos perfectos.

Aquí están dos prácticos versículos que todos haríamos bien en considerar:

"Tampoco apliques tu corazón a todas las cosas que se hablan, para que no oigas a tu siervo cuando dice mal de ti."

—Eclesiastés 7:21

"Ni aun en tu pensamiento digas mal del rey, ni en lo secreto de tu cámara digas mal del rico; porque las aves del cielo llevarán la voz, y las que tienen alas harán saber la palabra."

—Eclesiastés 10:20

Dios tiene una manera de sacarnos a la luz justo cuando comenzamos a pensar: *De ninguna manera podría ocurrirme a mí.* El Señor promete que se ejecutará un juicio equitativo. La palabra *equitativo* significa "justo", y todos los juicios de Dios son implacablemente justos. En el trono del juicio de Cristo, ante el cual todos estaremos un día, por una vez en la historia de la humanidad el juicio será justo. Casi cada día oímos de que en los tribunales se absuelve a alguien y nos decimos: "¿Dónde está la justicia?". Pero la justicia de Dios es siempre justa. La cuestión es: ¿Ocurrirá aquí en esta vida presente, o en la vida venidera? El antiguo padre de la Iglesia griego, Crisóstomo, dijo que está en la vida venidera.

Pablo dijo:

"Porque es necesario que todos nosotros comparezcamos ante el tribunal de Cristo, para que cada uno reciba según lo que haya hecho mientras estaba en el cuerpo, sea bueno o sea malo."

—2 Corintios 5:10

"Pero tú, ¿por qué juzgas a tu hermano? O tú también, ¿por qué menosprecias a tu hermano? Porque todos compareceremos ante el tribunal de Cristo."

—Romanos 14:10

El Señor promete que se ejecutará un juicio equitativo.

Por otro lado, Dios trata con las personas en esta vida presente, en especial si son salvas. En 1 Corintios 11:30 Pablo dice: "Por lo cual hay muchos enfermos y debilitados entre vosotros, y muchos duermen". Dios no siempre espera al juicio final para comenzar a disciplinar a sus hijos. Quizá usted haya dicho: "¡Guau, salí impune de eso!". Quizá Dios haya cerrado sus ojos a ello. Eso *es* posible, ya que Él no siempre ha tratado con nosotros después de nuestros pecados ni nos ha recompensado de acuerdo a nuestras iniquidades (Salmo 103:10). Por otro lado, podría ser que Dios estuviera tan enojado que haya decidido esperar. Normalmente, cuando más enojado está, más tiempo espera.

Dios no se propone juzgarnos porque disfrute de castigar a las personas. Dios es bueno, y Dios está del lado de la víctima. Dios bendice a los desamparados, en especial a quienes caminan en una actitud de humildad.

> ¿Y POR QUÉ MIRAS LA PAJA QUE ESTÁ EN EL OJO DE TU HERMANO, Y NO ECHAS DE VER LA VIGA QUE ESTÁ EN TU PROPIO OJO? ¿O CÓMO DIRÁS A TU HERMANO: DÉJAME SACAR LA PAJA DE TU OJO, Y HE AQUÍ LA VIGA EN EL OJO TUYO? ¡HIPÓCRITA! SACA PRIMERO LA VIGA DE TU PROPIO OJO, Y ENTONCES VERÁS BIEN PARA SACAR LA PAJA DEL OJO DE TU HERMANO.
>
> —MATEO 7:3-5

CAPÍTULO CINCO

CUANDO TENEMOS DERECHO A JUZGAR

Después de las fuertes palabras que encontramos en Mateo 7:1: "No juzguéis, para que no seáis juzgados", sería fácil concluir que *nunca* hay una situación en la cual debiéramos emitir juicio con respecto a otra persona. Pero ese no es el caso. Cuando Jesús dice: "Saca primero la viga de tu propio ojo, y entonces verás bien para sacar la paja del ojo de tu hermano", no está negando que habrá veces en las que deberíamos ayudar a quitar la "paja" de los ojos de nuestros hermanos.

A veces es totalmente correcto advertir a los demás del comportamiento de alguna otra persona. Por ejemplo, el apóstol Juan, que tiene tanto que decir sobre amarnos unos a otros, advirtió sobre alguien que causaba problemas en la iglesia (ver 3 Juan 9-10). Pablo dijo que Demas le había abandonado "amando este mundo", y que Alejandro el calderero le había "causado muchos males" (2 Timoteo 4:10, 14). Pero refiriéndose a todos los que le habían abandonado, Pablo aconsejó: "No les sea tomado en cuenta" (v. 16).

CUANDO ES CORRECTO CORREGIR EL COMPORTAMIENTO

Es una injusticia cuando ciertas personas son principalmente quienes han hecho daño a los demás y pueden seguir haciéndolo. Por eso una persona que es violada debería testificar en los tribunales; por eso debería tratarse con una persona que amenaza la unidad de la iglesia. Pero hay principios básicos que deben seguirse en este tipo de juicio y que permiten que se lleve a cabo justicia sin violar el espíritu de los siete principios del perdón total.

ENFRENTAR PRIMERO NUESTRAS PROPIAS FALTAS

Jesús introdujo este asunto sobre cuándo tenemos derecho a juzgar con una pregunta: "¿Y por qué miras la paja que está en el ojo de tu hermano, y no echas de ver la viga que está en tu propio ojo?" (Mateo 7:3). Ya que Jesús se está dirigiendo a la iglesia, no debiera sorprendernos que tantas de nuestras disputas vengan desde dentro de la familia de Dios. Él se refiere al ojo de tu "hermano", queriendo decir el hermano o hermana espiritual, no la familia natural. Este versículo enseña con candidez cómo tendemos a molestarnos por pequeños asuntos (la "mota de polvo") en la vida de otra persona y sin embargo pasamos por alto tan fácilmente los grandes asuntos (la "viga") en nuestras propias vidas. Esta falta de objetividad nos descalifica para poder ayudar, pues cuando perdemos nuestra objetividad nos hacemos a nosotros mismos incapaces de juzgar a otra persona.

Por tanto, hallar faltas está fuera de orden. La pregunta retórica de Jesús nos obliga a confrontar nuestra tendencia a entrometernos en lo que no nos gusta. La falta que vemos en otra persona es lo que Jesús llama una "paja", una cosa pequeña que nos molesta; pero todo el tiempo pasamos por alto nuestros propios problemas graves. De manera irónica, la causa de que hallemos faltas, o que nos entrometamos, es la viga que está en nuestro propio ojo y que no podemos ver. "Viga" es la palabra que Jesús utiliza para lo que está mal en nosotros; es el pecado en nosotros, la evidencia de nuestra naturaleza caída. Es lo que hace que estemos tan ansiosos por señalar con el dedo en lugar de perdonar.

Cuando perdemos nuestra objetividad nos hacemos a nosotros mismos incapaces de juzgar a otra persona.

Las vigas en nuestros ojos hacen que veamos mal; aumentan las motas de polvo que hay en otros mientras que simultáneamente nos hacen ciegos a nuestras propias faltas. Las vigas en nuestros ojos se enfocan y agrandan las debilidades de los demás de tal forma que parecen ser mucho peores de lo que realmente son; en realidad, son nuestras debilidades las que están operando, de forma simultánea, aumentando (las faltas de ellos) y cegándonos (a nuestras propias faltas).

Jesús quiere que veamos que tenemos un grave problema cuando somos críticos y señalamos con el dedo. El acto de hallar faltas es peor que la falta que creemos ver en otra persona. Antes de que Jesús enseñe sobre corregir a otra persona, establece los criterios para estar calificados como jueces: Debemos mirarnos a nosotros mismos con objetividad.

La pregunta, por lo tanto, es: ¿Es el hallar faltas la viga que hay en nuestro ojo, o lo es algún otro pecado en nuestra vida? Normalmente es ambas cosas.

Jesús habla más sobre esto cuando pregunta: "¿O cómo dirás a tu hermano: Déjame sacar la paja de tu ojo, y he aquí la viga en el ojo tuyo?" (Mateo 7:4). Él está asumiendo que somos personas racionales y sensibles que de inmediato mirarían a través de la inconsistencia de entrometerse en los asuntos de los demás. La suposición es esta: Si no tuviéramos viga en nuestros propios ojos, no sería irrazonable que ofreciéramos ayuda; pero cuando tenemos una viga y seguimos entrometiéndonos, nuestra falta es mucho peor que la de ellos. La intromisión es algo que nunca se pide y casi siempre es molesta y desagradable.

Las vigas en nuestros ojos hacen que veamos mal; aumentan las motas de polvo que hay en otros mientras que simultáneamente nos hacen ciegos a nuestras propias faltas.

CÓMO COMPORTARNOS SI ALGUIEN NOS CRITICA

¿Y si alguien se entromete en la vida *de usted*? ¿Cómo responde usted? Para la mayoría de nosotros es difícil responder de una forma que agrade a Dios. Él nos llama a mantener un espíritu dulce. Nunca olvide que: "La blanda respuesta quita la ira; mas la palabra áspera hace subir el furor" (Proverbios 15:1).

En segundo lugar, debemos estar de acuerdo con ellos. Normalmente hay un poco de verdad en lo que un crítico nos dirá a nosotros o dirá sobre nosotros. Incluso si no puede hallar una manera de estar de acuerdo, siempre puede decir: "Ya veo lo que quieres decir".

En tercer lugar, deberíamos darles las gracias. Esto no solo aplacará su irritación, sino que también los ayudará a quedar en buen lugar aun en el caso de que no estuvieran tramando nada bueno. Además, evitaremos hacernos un enemigo innecesario en el proceso.

Lo que nunca debemos hacer cuando somos confrontados es defendernos o intentar impresionar con lo buenos o rectos que somos. Nunca debemos buscar castigar, ni vengarnos, ni hacer parecer malos a los demás. ¡Pídales que oren por usted! Pero hágalo de una manera no combativa, nunca de forma sarcástica. Confiese con sinceridad: "Necesito toda la ayuda que pueda conseguir". Los principios del perdón total deberían capacitarnos para hacer amigos, no para perderlos.

Jesús no nos permitirá que juguemos a ser Dios. Él es el Juez máximo, y nosotros debemos tener sumo cuidado de nos meternos en su territorio. El tipo de juicio que Jesús prohíbe es la *crítica injusta*. Jesús nos llama hipócritas si nos enredamos en este tipo de juicio: "¡Hipócrita! Saca primero la viga de tu propio ojo, y entonces verás bien para sacar la paja del ojo de tu hermano" (Mateo 7:5).

HAY VECES EN LAS QUE SE NOS PERMITE JUZGAR

Entonces, ¿está Jesús diciéndonos que podemos estar calificados para juzgar, después de todo? Sí, algunas veces lo estamos. Hemos visto que la viga en nuestro ojo nos descalifica para juzgar, ya que nos hace ciegos a nuestras propias faltas y aumenta los defectos de los demás. Por otro lado, si somos capaces de quitar la viga de nuestros propios ojos, parece que estamos libres para quitar la paja de los ojos de los demás.

Aquí debemos andar con cuidado. Algunas personas sin ninguna objetividad en absoluto acerca de sí mismos reclamarán ser jueces calificados bajo la premisa de que ¡ellos no tienen viga en sus ojos! Yo realmente he conocido a personas que pueden mirarlo a uno con una cara seria y reclamar su derecho a juzgar ¡porque se deshicieron de su viga años atrás! Y si usted les pregunta, *usted* será acusado de juzgar!

¿Debemos creer que Jesús nos está alentando a algunos de nosotros a juzgar sobre la base de que ya no tenemos una viga en nuestros ojos? Si es así, volvemos al principio; ¡todos podemos regresar a señalar con el dedo! Se puede sostener que esta es la pregunta más delicada de este libro. Todos nos enfrentamos con situaciones injustas cada día. ¿Cuánto tiempo debemos tolerar los actos incorrectos? Las personas se aprovecharán injustamente de los demás; y puede que sienta usted en su interior que alguien debería hablar en contra de las injusticias. Pero debido a que se nos dice que perdonemos y que no juzguemos, no parece que eso sea lo correcto. Jesús incluso llegó a decir: "Pero yo os digo: No resistáis al que es malo; antes, a cualquiera que te hiera en la mejilla derecha, vuélvele también la otra" (Mateo 5:39).

Los principios del perdón total deberían capacitarnos para hacer amigos, no para perderlos.

¿CON TANTA SEGURIDAD NO PODEMOS JUZGAR NUNCA?

Según Mateo 7:5 parece que podemos juzgar a otros si no tenemos viga en nuestro propio ojo. ¿Pero quién sería lo bastante valiente para decir que él o ella no tienen ninguna viga? Yo sin ninguna duda no soy tan valiente. Jeremías 17:9 describe de forma adecuada mi situación: "Engañoso es el corazón más que todas cosas, y perverso; ¿quién lo conocerá?". Cuando Pablo dice en Romanos 7:18 que no hay nada bueno en él, yo tengo que decir: "¡Así soy yo también!". Cuando él dice en 1 Timoteo 1:15: "Palabra fiel y digna de ser recibida por todos: que Cristo Jesús vino al mundo para salvar a los pecadores, de los cuales yo soy el primero", yo me inclino a decir: "Eso puede haber sido cierto entonces, pero ahora con toda seguridad *yo* soy el peor".

Si yo debo saber que no hay viga en mi ojo antes de poder ofrecer ningún tipo de corrección o de advertir acerca de una persona malvada, tengo que decir aquí y ahora: ¡Estoy fuera de escena! Yo nunca estaré entre quienes estén calificados para juzgar.

Mateo 7:5 está ciertamente diciendo al menos una de estas tres cosas:

- Nunca nadie se deshace de la viga; por lo tanto, nunca nadie puede juzgar.
- Podemos deshacernos de la viga y entonces —solamente entonces— podemos juzgar a otra persona.
- La mejor situación ocurre cuando uno se enfoca en su propia viga y entonces, humildemente, ofrece corrección a otro de una forma que será muy bienvenida.

¿Cuál es el propósito del Señor en estas palabras? Él quiere ayudarnos en las situaciones difíciles que enfrentamos en la vida y traer un equilibrio entre un espíritu piadoso y perdonador y una actitud de juicio. Es posible llevar el principio del perdón total hasta un extremo tal que permitamos que todos los violadores, quienes abusan de niños y los asesinos salgan de las cárceles, dejándolos que anden por las calles y hagan más daño. Usted puede permitir que los "cristianos carnales" se apoderen de una iglesia y la destruyan si el principio del perdón total no se practica con equilibrio y sentido común (¡es cierto que existen los cristianos carnales!). (Ver 1 Corintios 3:1.)

Jesús quiere que seamos honestos con Él y con nosotros mismos. Admita que usted está descalificado como juez mientras haya una viga en su ojo (y comprenda que todos tenemos vigas en nuestros ojos en un momento u otro).

Jesús también quiere que promovamos la humildad. Sería el colmo de la arrogancia afirmar que nos hemos deshecho por completo de nuestra viga, una arrogancia equivalente a afirmar estar sin pecado. Pero Juan dijo: "Si decimos que no tenemos pecado, nos engañamos a nosotros mismos y la verdad no está en nosotros" (1 Juan 1:8).

Jesús quiere que avancemos, que pasemos de la ofensa a un estilo de vida de perdón.

Jesús quiere que avancemos, que pasemos de la ofensa a un estilo de vida de perdón. Jesús también quiere que ofrezcamos nuestra ayuda a los demás, pero Él nunca dice que no debiéramos ver lo que claramente está ahí. Mateo 7:6 —el siguiente versículo en el Sermón del Monte— nos dice que debemos diferenciar: "No deis lo santo a los perros, ni echéis vuestras perlas delante de los cerdos, no sea que las pisoteen, y se vuelvan y os despedacen". En otro lugar en el evangelio de Mateo, Jesús dice:

"Por tanto, si tu hermano peca contra ti, ve y repréndele estando tú y él solos; si te oyere, has ganado a tu hermano. Mas si no te oyere, toma aún contigo a uno o dos, para que en boca de dos o tres testigos conste toda palabra. Si no los oyere a ellos, dilo a la iglesia; y si no oyere a la iglesia, tenle por gentil y publicano."

—Mateo 18:15-17

Quizá el versículo más relevante en el Nuevo Testamento fuera escrito por el apóstol Pablo: "Hermanos, si alguno fuere sorprendido en alguna falta, vosotros que sois espirituales, restauradle con espíritu de mansedumbre, considerándote a ti mismo, no sea que tú también seas tentado" (Gálatas 6:1).

En el Sermón del Monte, nuestro Señor está promoviendo la honestidad y la humildad, pero también está mostrándonos qué hacer en ciertas situaciones en las que las cosas han ido mal, situaciones en las cuales alguien tiene que hablar en contra del pecado o de la injusticia y en las que sería irresponsable no hacerlo. Hay una forma de ayudar verdaderamente, aunque de manera delicada, a quitar la paja del ojo de nuestro hermano o hermana sin *entrometernos*.

Una mirada más cercana a las palabras de Jesús nos muestra el orden en el cual debiéramos situar nuestras prioridades: "Primero, saque la viga de su propio ojo". Lo que se nos requiere que hagamos *primero* es admitir que tenemos una viga y arrepentirnos. Si usted y yo queremos ayudar a una persona que tenga necesidad, o hablar en contra de una injusticia, nuestra principal prioridad debe ser arreglar las cosas en nuestros propios corazones. Eso no significa extraer un defecto como un dentista quita un diente picado (¡ojalá fuera así de sencillo!); significa admitir humildemente y seriamente nuestras propias debilidades. Ese es el primer paso hacia lograr una autoobjetividad.

Si usted y yo queremos ayudar a una persona que tenga necesidad, o hablar en contra de una injusticia, nuestra principal prioridad debe ser arreglar las cosas en nuestros propios corazones.

Jesús pone delante de nosotros, de forma bastante ostensible, una paradoja. ¿Cómo vamos nunca a destruir o quitar la viga? No podemos. ¿Es esa la manera irónica que Jesús tiene de decir que nunca podremos ayudar a otra persona que tenga una falta? No. ¿Está Jesús enseñando un perfeccionismo sin pecado que nadie puede nunca obtener? No.

Nadie puede quitar la viga de su propio ojo de manera absoluta; ¡si pudiéramos, estaríamos sin pecado y no necesitaríamos salvación! Si Jesús estuviera diciendo que es posible quitar la viga, haría florecer el fariseísmo más que nunca. La gente en todas partes afirmaría estar calificada para señalar con el dedo.

QUITAR NUESTRA VIGA DE MANERA LIMITADA

Sin embargo, es posible quitar la viga de manera limitada. Gálatas 6:1 nos dice: "Hermanos, si alguno fuere sorprendido en alguna falta, vosotros que sois espirituales, restauradle con espíritu de mansedumbre, considerándote a ti mismo, no sea que tú también seas tentado".

Digamos que yo he descubierto que un hermano en mi iglesia ha caído en el pecado de adulterio. Él no solo ha mirado con lujuria (lo cual sería adulterio en el corazón según Mateo 5:28), sino que también se ha acostado físicamente con una mujer que no era su esposa. Yo siento que alguien debe acercarse a él y hablarle de la situación.

¿Estoy yo calificado para hacerlo? En un sentido absoluto, no, porque yo también soy pecador. De hecho, sin la gracia de Dios yo podría muy bien verme a mí mismo en su situación. Pero debido a que yo *no* estoy en una relación de adulterio, he quitado —en esa área en particular— la viga de mi propio ojo. Y la razón por la cual estoy calificado para ayudar es porque no estoy intentando hallar falta en él. Yo le diré que también yo soy un pecador; puede que no necesariamente lo cambie, pero espero que él no resienta el que yo me haya acercado a él ni me considere un entrometido. Él comprenderá que yo estoy preocupado por su vida y su situación espiritual, sin mencionar la honra del nombre de Dios.

Hace unos años, dos ancianos tenían la tarea de acercarse a un hombre en su iglesia que estaba en una relación de adulterio. De camino a la casa de ese hombre, uno de los ancianos dijo al otro: "¿Crees que tú también podrías caer en este pecado?". La respuesta fue: "No". Entonces el anciano que había hecho la pregunta dijo: "Tú no estás calificado para hablar con este hombre", y cancelaron la visita. La calificación esencial para una confrontación espiritual es la actitud requerida por Pablo en Gálatas 6:1: una actitud de humildad y de autoexamen.

Esta es una regla práctica a seguir: La persona que es más dura con él o ella misma probablemente será la más amable con los demás. Quienes más están al tanto de sus propias debilidades probablemente sean más capaces de ayudar a otros. Quien no moraliza, sino que alienta a otros a ser más semejantes a Cristo, es quien está más calificado para entrar en el ministerio de la reconciliación y la restauración. La persona que quiere ayudar de una manera en que no haya juicio es más probable que tenga éxito cuando otros fracasan, y que sea bienvenida cuando el que se entromete es rechazado.

Una persona calificada evitará implicarse emocionalmente en la situación; él o ella no tendrán ningún interés personal. Esa persona no estará agitada o llena de amargura o pensamientos de venganza en su interior. Su autoestima no está conectada con la situación.

La persona que es más dura con él o ella misma probablemente será la más amable con los demás.

Cuando Jesús nos pide que quitemos la viga de nuestros propios ojos, nos está diciendo que deberíamos descalificarnos a nosotros mismos cuando estemos molestos con la persona que tenga una paja. Estamos calificados para ayudar a otra persona solamente hasta el grado en que verdaderamente lo amemos y nos preocupemos por él. No podemos ayudar si nos sentimos irritados o molestos con él.

Por esta razón ocurre muchas veces que personas que no están conectadas personalmente con una situación son las más capaces de ayudar. Tales personas están apartadas, es decir, como quienes están formados para ofrecer ayuda profesional, ellos tendrán compasión por las personas implicadas sin permitir que haya ningún prejuicio o implicación emocional. Los abogados deben condolerse con sus clientes, pero no implicarse personalmente hasta el grado de perder el sueño. Los ministros y doctores deben ser compasivos hacia quienes solicitan su ayuda y experiencia, pero nunca deben estar tan implicados que no puedan hacer un juicio racional de lo que se necesita.

Estar apartado emocionalmente significa que usted se preocupa por la persona a la que quiere ayudar, pero no siente fijación ni obsesión por esa persona. Una persona que tenga una grave debilidad sexual, por ejemplo, no podrá, casi con toda seguridad, ayudar a la persona que acuda a ella con el mismo problema. De hecho, ¡podría empeorar la situación!

Cualquier consejero digno de su nombre deberá ser compasivo y también estar apartado. Algunas veces la consejería matrimonial es la única manera de ayudar a un matrimonio que fracasa, porque puede que ni el esposo ni la esposa sean compasivos el uno con el otro ni estén apartados; es probable que ambos estén completamente cargados de equipaje emocional. La imparcialidad de un consejero que esté apartado puede ayudar a un matrimonio que esté atravesando dificultades.

La persona calificada para quitar la mota de polvo, por tanto, es imparcial. Él o ella no moralizarán, esperando hacer que la persona se sienta culpable, ni estarán gobernados por ningún interés personal. Su única consideración será el honor del nombre de Dios.

Jesús nunca nos dice cómo quitar la viga de nuestro propio ojo, posiblemente porque hacerlo así no es posible en un sentido absoluto. Pero prestar la suficiente atención a nuestras propias vigas nos guardará de señalar con el dedo a los demás o de entrometernos en situaciones que no nos pertenecen. Deberíamos continuar guardándonos de no violar las palabras de Jesús que abrieron esta discusión: "No juzguéis, para que no seáis juzgados" (Mateo 7:1).

CUANDO *NO* PODEMOS AYUDAR A OTRO

Para resumir, Jesús nos ha proporcionado algunos principios objetivos a seguir cuando se trata de determinar cuándo tenemos derecho o no a juzgar.

Debiera usted descartarse cuando:

1. Esté disgustado porque algo o alguien le haya molestado mucho. En otras palabras, cuando usted se sienta agitado y revuelto, quédese fuera.

2. Esté implicado personalmente o emocionalmente. Aun cuando se haya cometido una injusticia, usted debería quedarse fuera de la situación, a menos que específicamente le hayan pedido que testifique o dé su opinión.

3. Su deseo sea castigar o vengarse.

4. Haya envidia o celos en su corazón.

5. Su propia autoestima esté relacionada.

CUANDO *PODEMOS* AYUDAR A OTRO

Usted es capaz de ayudar cuando:

1. Está supliendo una necesidad (para refrescar su memoria sobre esto, recuerde lo mencionado en el capítulo cuatro):

   Necesario: ¿es necesario decir eso?

   Alentador: ¿alentará a esa persona? ¿Le hará sentirse mejor?

   Edificar: ¿edificará eso? ¿edificará lo que usted dice a la persona y la hará más fuerte?

   Dignificar: ¿dignificará a esa persona? Jesús trató a otras personas con un sentido de dignidad.

2. Sería irresponsable por su parte no hablar. Es apropiado implicarse si está usted en una posición estratégica para ayudar.

3. Una persona responsable y que no tenga intereses le haya pedido que intervenga.

4. Sea totalmente imparcial y no tenga agitación ni sentimientos de sentirse molesto.

5. Nada le importe más a usted que el honor de Dios. ¡Tenga cuidado! Muchos entrometidos utilizan esto como su justificación. Un día usted descubrirá si realmente lo que le importaba era el honor de Dios, ¡o simplemente el suyo propio!

SI CONFESAMOS NUESTROS PECADOS, ÉL ES FIEL Y JUSTO PARA PERDONARNOS NUESTROS PECADOS Y LIMPIARNOS DE TODA MALDAD.

—1 JUAN 1:9

CAPÍTULO SEIS

EL ARTE DE PERDONAR Y OLVIDAR

Primera de Corintios 13 —el gran capítulo del amor en la Biblia— es una perfecta demostración de la causa y el efecto del perdón total. La cumbre de este maravilloso pasaje es la frase que se encuentra en el versículo 5: "no guarda rencor". La palabra griega que se traduce como "guarda" es *logizomai*, que significa no computar o imputar. Esta palabra es importante para la doctrina de Pablo de la justificación por la fe. Para la persona que cree, su fe le es "contada" por justicia (Romanos 4:5).

Esta es la misma palabra que se utiliza en 1 Corintios 13:5 y otra vez en Romanos 4:8: "Bienaventurado el varón a quien el Señor no inculpa de pecado". Por lo tanto, *no* computar, imputar o "contar" las equivocaciones de un ser amado es hacer por esa persona lo que Dios hace por nosotros, esto es, escoger no reconocer su pecado. Ante los ojos de Dios, nuestro pecado ya no existe. Cuando nosotros perdonamos a alguien, también nos negamos a guardar una lista de sus malos actos.

LOS PELIGROS DE CONTAR LOS MALOS ACTOS

Debe reconocerse con toda claridad que se produjo un mal, que ocurrió la maldad. El perdón total obviamente ve la maldad pero escoge borrarla. Antes de que se guarde rencor en el corazón, la ofensa debe ser voluntariamente olvidada, y no debe darse ninguna oportunidad para que entre el resentimiento. El amor descrito en 1 Corintios 13 solo puede llegar siguiendo un estilo de vida de perdón total.

Cuando nosotros perdonamos a alguien, también nos negamos a guardar una lista de sus malos actos.

Satanás sabe lo que nosotros sabemos; él está al acecho día y noche, esperando explotar alguna debilidad que pueda hallar en nosotros. La mayor debilidad que a él le encanta ver es nuestra incapacidad para perdonar. Fue en este contexto de ofrecer perdón que Pablo dijo que no era ignorante de las maquinaciones de Satanás (ver 2 Corintios 2:11). Satanás puede aprovecharse de nosotros mediante nuestra amargura; nuestra negativa a permitir que algo se vaya y nuestra insistencia en darle vueltas. Es crucial que libremos a nuestros corazones de la amargura si no queremos darle al diablo una invitación en una bandeja de plata para entrar en nuestras vidas.

¿Por qué guardamos rencor, aun en nuestra mente, cuando alguien hace algo malo contra nosotros? Para usarlo después. Decimos: "Recordaré eso", y cumplimos nuestra palabra; y normalmente vuelve a surgir más temprano que tarde. Aunque puede que reconozcamos con nuestras mentes las palabras del Señor: "Mía es la venganza" (Romanos 12:19), en realidad estamos diciendo en nuestro corazón:

"Dios no está haciendo su trabajo". Por lo tanto ayudamos a Dios castigando a esa persona que nos ha herido, ya sea un esposo o esposa, un familiar, un líder de la iglesia, un antiguo maestro o un jefe insensible.

ABANDONAR UNA LISTA DE MALDADES

El amor es una elección; es un acto de la voluntad. Guardar una lista de maldades es también un acto de la voluntad —una elección de *no* amar— y la elección más natural y fácil para nosotros.

Otra clave para abandonar la lista de maldades y lograr el perdón total consiste en el control de la lengua. Las palabras que decimos pueden causar la catástrofe a la que Santiago se refiere:

> "Así también la lengua es un miembro pequeño, pero se jacta de grandes cosas. He aquí, ¡cuán grande bosque enciende un pequeño fuego! Y la lengua es un fuego, un mundo de maldad. La lengua está puesta entre nuestros miembros, y contamina todo el cuerpo, e inflama la rueda de la creación, y ella misma es inflamada por el infierno."
>
> —Santiago 3:5-6

La ironía es que en lugar de "quitarnos un peso de nuestro pecho", nuestras palabras pueden provocar que surja un fuego incontrolable que incinere lo que permanece dentro de nosotros. Y en lugar de que ese fuego se reduzca, se dobla, se intensifica y al final se hace mil veces peor. Es una victoria satánica, que se remonta en última instancia a que nosotros guardamos rencor.

¿Cómo trata una persona con su lengua? Yo creo que dos cosas pueden ayudar:

- Cuando una persona haya algo malo, niéguese a señalar con el dedo a *la persona misma*.
- Cuando una persona haga algo malo, niéguese a señalar con el dedo a *otros*.

Si eso llegara a convertirse en un estilo de vida más popular, ¡el número de rencores que se guarda caería en picado! Al negarnos continuamente a sacar la herida en las conversaciones, el rencor por esa herida al final desaparecería.

Este principio también se aplica a las conversaciones imaginarias, esos diálogos internos con usted mismo en los cuales no puede sacarse de su mente "lo que ellos hicieron". Puede que usted fantasee con lo que usted les diría o les haría, o con lo que podría contarles a otras personas acerca de ellos. Esta conversación puede seguir y seguir, ¡y pueden pasar horas y días en los que usted tampoco logra nada ni se siente mejor!

Una noche, alrededor de las once, cuando yo me iba a acostar, me encontré a mí mismo teniendo una conversación en mi cabeza sobre alguien. Me imaginé que tenía la oportunidad de divulgar lo que sabía sobre esa persona, y dibujé el escenario con gran detalle. Me hice parecer bueno a mí mismo y mala a la otra persona; pero el Espíritu Santo —de forma milagrosa— se metió en el asunto, y le escuché decirme: "Puedes ganar una victoria ahora mismo si te niegas a pensar en limpiar tu nombre". Aun cuando la conversación existía solo en mi mente, me di cuenta de que tenía una oportunidad de triunfar ¡en mi espíritu! Fue un momento crucial, porque era como si *fuera* real; y yo me negué a decir nada en absoluto sobre esa persona. Había logrado una victoria. Una paz llenó mi corazón, y supe en aquel momento que nunca más debía entrar en esas conversaciones imaginarias, a menos que me negara a vindicarme a mí mismo.

Para quienes piensan que esas conversaciones son terapéuticas, solo les recordaría que permitan que sus pensamientos sean positivos y sanos; no guarden rencores por maldades en sus *pensamientos*, y habrá menos probabilidades de que expongan esos rencores mediante sus *palabras*. Cuando me siento tentado a decir algo negativo y me niego a hablar, a menudo puedo sentir la liberación del Espíritu Santo dentro de mi corazón. Es como si Dios me dijera: "Bien hecho". ¡Es un sentimiento muy bueno! Después de todo, Jesús se compadece de nuestras debilidades (Hebreos 4:15), y también nos permite que sintamos su gozo cuando las vencemos. Él nos recompensa con una increíble paz y el testimonio del Espíritu en nuestros corazones.

No guarde rencores por maldades en sus *pensamientos*, y habrá menos probabilidades de que exponga esos rencores mediante sus *palabras*.

NEGARSE A GUARDAR UNA LISTA DE NUESTROS DERECHOS

No guardar una lista de maldades es también una negación a guardar una lista de las cosas que usted ha hecho correctamente. Es tan deshonroso para la gracia de Dios guardar una lista de las buenas obras de usted como lo es guardar una lista de las malas obras de otros. ¿Por qué? Porque es una forma de autoexaltación. Usted está implícitamente diciendo: "Ya te lo dije", para hacer parecer mala a otra persona. Se necesita madurez espiritual para refrenarse de decir: "Ya te lo dije".

Más de unas cuantas personas no solo guardan una lista de malas obras, sino que también tienen una lista aún más larga ¡de las veces en que ellos han llevado razón! Todos queremos que otras personas sepan lo correctos que hemos sido; queremos que sepan que nosotros fuimos los primeros en decirlo. Para mí, es sorprendente el consejo que llega después del hecho: "Yo lo supe todo el tiempo". "¿Ves ahora la razón que yo llevaba?". "Deberías haberme escuchado". "*¡Ya te lo dije!*".

El amor no solo rompe la lista de las malas obras sino también la lista de las buenas. Los que perdonan verdaderamente destruyen la lista que pudieran haber utilizado para vindicarse a sí mismos. Si no hay ninguna lista de derechos guardada firmemente en su cabeza, no podrá referirse a ella después para probar la razón que usted llevaba. Olvide lo que ellos hicieron que estuvo mal, y olvide lo que usted hizo que estuvo bien. Pablo dijo: "No por eso soy justificado" (1 Corintios 4:3). Muchas veces he llegado a la conclusión de que muy pocas personas realmente merecen la vindicación a la que piensan que tienen derecho. Solamente puedo decir que si la vindicación se merece verdaderamente, entonces esa vindicación con toda seguridad llegará, porque Dios es justo.

Los que perdonan verdaderamente destruyen la lista que pudieran haber utilizado para vindicarse a sí mismos.

LA EXPERIENCIA DE JIM BAKKER SOBRE PASAR POR ALTO LAS MALDADES

Recientemente vi en televisión una edición extraordinaria del programa *Larry King Live* (Larry King en vivo) en la CNN. Ante los ojos de millones de personas, Jim Bakker y

Tammy Faye Messner (anteriormente Tammy Faye Bakker) aparecieron juntos en televisión por primera vez en quince años. Jim Bakker, el teleevangelista, había sido sentenciado a cuarenta y cinco años de prisión por algo que, finalmente, él no había hecho. Inicialmente fue hallado culpable de desviar deliberadamente a sus televidentes, alentándolos a enviar dinero para comprar casas que no existían. Él estuvo en prisión por muchos años antes de ser vindicado; y mientras tanto, su esposa, Tammy Faye, se divorció de él y se casó con el mejor amigo de él, Roe Messner. Finalmente Jim fue totalmente vindicado de los cargos y fue puesto en libertad. Cinco años después, Jim se casó con su actual esposa, Lori. Larry King invitó a los *cuatro* para estar en su programa de televisión. ¡Qué show tan interesante resultaría ser!

Cada persona tenía una historia que contar, de heridas muy profundas y de perdón total. Tanto Jim como Tammy, antes del encarcelamiento de Jim, se habían sentido traicionados por el ministro religioso norteamericano que fue casi enteramente responsable de que Jim fuera sentenciado a prisión. Ambos necesitaban perdonar a ese ministro. Tammy tuvo que perdonar a Jim por su relación sexual de adulterio con una joven, que fue el episodio que condujo a su caída. Jim no solo tuvo que perdonar a los testigos injustos y al juez lleno de prejuicios que lo había sentenciado injustamente, sino también a su esposa por casarse con su mejor amigo cuando él estaba en prisión. Esto no es decir nada de las heridas que los otros dos participantes —Roe y Lori— habían experimentado.

Larry King le preguntó a Jim: —¿Cómo se sintió?

Jim respondió: —Estábamos en una situación que era increíble. Yo debía estar en prisión por cuarenta y cinco años, y a mi edad nunca hubiera salido de prisión antes de morir. Por eso no culpo a Tammy Faye por seguir adelante con su vida.

¡Jim no lo había sentido así desde un principio! Pero finalmente aceptó la situación, perdonó totalmente a Tammy Faye y agradeció por completo su decisión de casarse con Roe.

Jim continuó: —Nelson Mandela dice que él no consideró la prisión como un descenso; la consideró como un ascenso. Yo de repente me encontré sentenciado a estar en prisión por cuarenta y cinco años, y mi teología no permitía eso en aquel momento. Era como si Dios se hubiera alejado de mí. Conozco a millones de personas que han pasado por experiencias diciendo: "¿Por qué, Dios?". A medida que estudiaba la Palabra de Dios y tenía más tiempo para estudiar la Biblia, fue mi fe en Dios la que me sacó adelante. Mi fe en realidad estaba creciendo después de cinco años. Esa experiencia fue el único seminario de formación al que asistí, y mi relación con Dios se volvió más íntima que nunca.

Entonces Larry King añadió: —¿Está usted diciendo, en un sentido, en retrospectiva, que fue bueno que usted estuviera en prisión?

Cuando comencé a estudiar las palabras de Jesucristo, aprendí que Él dijo que si no perdonamos de corazón, perdonando a todos, no seremos perdonados.

—¡Claro que sí! —respondió Jim—¡Claro que sí! Yo aprendí mucho, y ahora que trabajo en los barrios pobres de las ciudades en todo el mundo, comprendo a las personas mucho mejor. Cuando digo que yo he estado en prisión, es mejor que ser un ministro ordenado como tal. La gente responde a mí porque sabe que soy como ellos.

Entonces Larry se volvió a Tammy y dijo:—Usted podría ayudar a muchas personas porque hay muchas historias en las noticias actualmente: la historia de los Guiliani y la historia de Clinton. Usted fue capaz de perdonar y de vencer lo peor por lo que una esposa puede pasar. ¿Cómo fue usted capaz de hacer eso?

—El perdón es una elección —respondió Tammy Faye—. Toda nuestra vida está compuesta de elecciones.

Entonces Larry le dijo a Tammy Faye con respecto a la aventura de Jim: —Usted podría haber estado amargada.

—Podría haber escogido estar amargada y odiarlo —contestó ella—, o podría haber escogido perdonar. Fue muy difícil para mí perdonarlo; fue muy difícil. Pero... fui capaz de perdonarlo y comprender lo que había ocurrido, y seguir adelante.

Larry se volvió de nuevo hacia Jim.

—¿Y cómo se sintió usted con ese perdón?

—La Biblia es muy clara —respondió Jim—, y eso es lo que estudié en la prisión. Cuando comencé a estudiar las palabras de Jesucristo, aprendí que Él dijo que si no perdonamos de corazón, perdonando a todos, no seremos perdonados. Cristo dijo: "Bienaventurados los misericordiosos, porque ellos alcanzarán misericordia". Yo necesitaba misericordia, necesitaba perdón, y quería darles a otros lo que yo mismo necesitaba.

Larry le preguntó a Jim: —¿Se sintió estupendamente de que ella fuera capaz de perdonar eso?

Jim respondió: —Ya sea que ella me perdonara o no, yo tenía que perdonarla a ella. Tuve que perdonar a todos. Quiero decir que todo el que pasa por un divorcio, es algo doloroso, y yo finalmente tomé toda la culpa porque comprendí todos los errores que había cometido. Comprendí que fui yo quien tuvo la aventura amorosa; fui yo quien lo estropeó, y yo la había dejado allí arreglándoselas sola para enfrentarse literalmente a morir sin un esposo.

Larry volvió otra vez a Tammy.

—Entonces ahora son amigos. ¿Cómo explica eso?

—Me gusta este hombre [Jim] —respondió Tammy—; es un hombre realmente bueno. Estuvimos casados treinta años, y tenemos maravillosos recuerdos juntos. Tuvimos dos hijos estupendos juntos, y de verdad que él me gusta.

Larry le preguntó a Jim si alguna vez oró por Roe, y él respondió: —Claro que oro por Roe. Tuve que perdonar de verdad a Roe por haberse casado con mi esposa en aquel momento en que yo estaba en prisión. Quiero decir que uno tiene que perdonar. Yo estaba en prisión y Dios estaba tratando conmigo para que perdonara a todos. Uno no puede simplemente perdonar; tiene que orar para que Dios bendiga a los enemigos de uno.

—Eso no lo facilita, ¿no es cierto? —respondió Larry.

Entonces Jim dijo: —Tuve que llegar al punto en que tuve que decirle a Dios literalmente —Roe es uno de los mayores constructores del mundo—, tuve que decirle a Dios: 'Dios, si tú quieres que alguna vez vuelva a construir algo, lo construiría con Roe Messner'. Y he llegado al punto en que puedo decir: 'Dios, hágase tu voluntad, y no la mía'.

Entonces Larry miró a las cuatro personas que estaban ante él y preguntó: —¿No existen celos en esta habitación?

—No —fue la unánime respuesta.

—¿Dicen que todos ustedes son amigos? —preguntó Larry.

—Sí —fue la unánime respuesta.

—¿Cómo explican eso? —preguntó Larry King.

Jim Bakker tomó la palabra.

—Solamente Dios puede ayudar a las personas a perdonar de verdad y a seguir adelante. En el libro de Colosenses se habla de eso. Debido a lo que Cristo hizo, nosotros somos puros, y no tenemos juicio sobre nosotros. Cuando entré por primera vez a prisión, incluso cuestionaba: "¿Dónde, Dios? ¿Dónde estás tú?". Pero cuando pasé meses estudiando la Palabra de Dios, comprendí que la prisión era el plan de Dios para mí. Dios estaba diciendo: "Quiero que te apartes y estés conmigo". Todas las personas en la Biblia, desde Génesis hasta Apocalipsis, o han estado en un calabozo o una prisión o bien en el desierto. Todos han pasado por cosas malas; por tanto, las cosas malas les ocurren a las personas, y les ocurrieron a todos los grandes hombres de Dios.

Larry King entonces concluyó la entrevista dando eco a lo que millones de personas que estaban viendo la televisión debieron de haber pensado:—Estoy sorprendido.

Perdonarse a uno mismo significa experimentar el amor que no guarda una lista de nuestras propias maldades.

Jim Bakker había sido vindicado. Un profesor de leyes en la universidad Fordham salió de la nada y se ocupó del caso de Jim. Él demostró de manera convincente que Bakker era completamente inocente de los cargos de fraude, y después de cinco años en prisión Jim fue puesto en libertad, y se fue a vivir en soledad durante mucho tiempo a una granja en Carolina del Norte. Su mayor problema, dice él, fue perdonarse a sí mismo. Él nunca creyó ni por un momento que fuera culpable de deshonestidad financiera, pero sabía que había errado en al menos dos áreas: su aventura amorosa y su enseñanza sobre la prosperidad: que Dios prosperará a cualquier persona que siga ciertas fórmulas. Él sabía que había obrado mal. ¿Cómo podría perdonarse a sí mismo?

PERDONARNOS A NOSOTROS MISMOS

Perdonarse a uno mismo significa experimentar el amor que no guarda una lista de nuestras *propias* maldades. Este amor es una elección, como hemos visto, y cruzar al lugar donde escogemos perdonarnos a nosotros mismos no es un paso pequeño.

Una cosa es realizar este avance con respecto a otros: perdonarlos totalmente y destruir la lista de sus maldades; otra cosa es experimentar el gran avance: el perdón total de nosotros mismos.

Muchos cristianos dicen: "Puedo perdonar a otros, ¿pero cómo podré alguna vez perdonar lo que yo he hecho? Sé que Dios me perdona, pero no puedo perdonarme a mí mismo".

Debemos recordar que perdonarnos a nosotros mismos es también un compromiso de por vida. Precisamente de la misma manera en que debo perdonar a otros cada día —razón por la cual yo leo Lucas 6:37 cada día—, debo también perdonarme a mí mismo.

Perdonar a otros es un compromiso de por vida porque:

- Muchas veces se nos hace revivir el mal cometido contra nosotros.
- Puede que nos sintamos molestos de que el ofensor salga impune de ello, y para siempre.
- Satanás entra para explotar nuestra debilidad en esta área.

Por eso debemos renovar nuestro compromiso a perdonar cada día, y estar seguros de no haber pegado esos pedazos rotos de papel que una vez utilizamos para anotar las maldades hechas contra nosotros.

Perdonarnos a nosotros mismos es también un proceso diario. Podemos despertar cada día con la conciencia de errores y fracasos del pasado, y desear fervientemente poder retrasar el tiempo en el reloj y volver a comenzar. Puede que tengamos sentimientos de culpa —o *pseudoculpa*— si nuestros pecados han sido puestos bajo la sangre de Cristo. Pero al enemigo, el diablo, le encanta entrar en escena y tomar ventaja de nuestros pensamientos. Por eso perdonarnos a nosotros mismos es tan importante como perdonar a un enemigo.

Perdonarse a usted mismo puede que cause el avance que usted ha estado esperando. Podría liberarlo en maneras que nunca antes ha experimentado. Esto se debe a que hemos tenido temor de perdonarnos a nosotros mismos; nos aferramos al temor como si fuera una cosa de valor. La verdad es que ese tipo de temor no es ningún amigo, sino más bien un feroz enemigo. El mismo aliento de Satanás está detrás del temor a perdonarnos a nosotros mismos.

Perdonarse a usted mismo puede que cause el avance que usted ha estado esperando. Podría liberarlo en maneras que nunca antes ha experimentado.

Jesús sabe que muchos de nosotros tenemos este problema. Es una más de las razones por las cuales Jesús se apareció inesperadamente después de su resurrección en el lugar donde, tras puertas cerradas, estaban reunidos los discípulos sintiendo tanto terror como culpa. Jesús no solo quería que ellos supieran que eran totalmente perdonados; también quería que se perdonaran a sí mismos. En lugar de recordarles lo que habían hecho, él los habló como si nada hubiera ocurrido. Dijo: "Como me envió el Padre, así también yo os envío" (Juan 20:21). Eso les dio dignidad; les demostró que no había ocurrido nada que cambiara los planes de Jesús y su estrategia para ellos. Él ya había enviado una señal a Pedro, quien había negado conocer a Jesús, mediante el ángel que dijo: "Pero id, decid a sus discípulos, y a Pedro, que él va delante de vosotros a Galilea; allí le veréis, como os dijo" (Marcos 16:7). Y sin embargo, todos ellos "dejándole, huyeron" (Mateo 26:56). Después de su crucifixión, ellos se sintieron profundamente indignos; ¡y entonces el Señor resucitado se apareció y les aseguró un futuro ministerio!

Yo muchas veces he pensado que una de las razones por la cual Pedro fue tan eficaz el día de Pentecostés es que él era perfectamente consciente de haber sido perdonado. Sabía muy bien que solo unas semanas atrás, ¡había negado a Jesús ante una sirvienta! Él nunca olvidaría la mirada en el rostro de Jesús cuando cantó el gallo, y Pedro "salió y lloró amargamente" (Lucas 22:61-62). ¡Fue un verdadero antídoto contra la autojustificación! Cuando Pedro predicó a sus compatriotas judíos el día de Pentecostés, no había el menor rastro de presunción ni condescendencia. Saber que él era un pecador perdonado también le guardó de usurpar la gloria de Dios aquel día. Solamente Dios recibió la gloria por aquellas tres mil conversiones.

Cuando estamos vacíos de toda autojustificación y orgullo, permitimos a Dios que se mueva en nosotros y a través de nosotros.

Yo recuerdo bien una mañana de domingo justo antes de que fuera a predicar en el servicio de las once de la mañana.

Tuve una discusión con mi esposa, Louise, y nunca debí haberlo hecho, pero me fui dando un portazo ante su cara. Antes de darme cuenta, estaba inclinando mi cabeza en lo alto de la plataforma en Westminster Chapel delante de varios cientos de personas. No sé lo que ellos pensaban, pero sé lo que *yo* pensaba: *No debería estar aquí. No tengo derecho de estar aquí. Señor, ¿cómo es posible que puedas usarme hoy? No estoy preparado para estar en este púlpito.* Era demasiado tarde para enviar una nota a Louise diciendo: "Lo siento". No había manera de resolver la situación en ese momento. Solo podía pedirle a Dios misericordia e intentar con todas mis fuerzas perdonarme a mí mismo. Yo asumía que estaba a punto de dar el peor sermón de la historia de Westminster Chapel; nunca en mi vida me había sentido tan indigno, pero cuando me puse en pie para predicar, no estaba preparado para la ayuda que obtuve. Dios simplemente me preparó y me capacitó para predicar ¡tan bien como no lo había hecho nunca!

Esa es, en parte, la razón por la cual creo que Pedro tuvo tanto éxito el día de Pentecostés. Cuando estamos vacíos de toda autojustificación y orgullo, permitimos a Dios que se mueva en nosotros y a través de nosotros.

SEÑALES DE NO HABERNOS PERDONADO A NOSOTROS MISMOS

Si nos sentimos culpables, nos culpamos a nosotros mismos y descubrimos que no podemos funcionar normalmente —aun cuando hayamos confesado nuestros pecados a Dios—, y eso indica que todavía no nos hemos perdonado totalmente a nosotros mismos. Significa que seguimos quedándonos con una culpa que Dios ya ha quitado; nos negamos a disfrutar de lo que Dios nos ha dado gratuitamente. Primera de Juan 1:9 o bien es verdad o no lo es: "Si confesamos nuestros pecados, él es fiel y justo para perdonar nuestros pecados y limpiarnos de toda maldad". Si hemos confesado nuestros pecados, debemos agarrar esta promesa con las dos manos y perdonarnos a nosotros mismos, lo cual es precisamente lo que Dios quiere que hagamos.

La persona que no se ha perdonado a sí misma es una persona infeliz, y normalmente es incapaz de perdonar a otros. De esta manera, el que yo no me perdone a mí mismo muchas veces me perjudicará, y lucharé para perdonar a otros. O el que no perdone a los demás puede dar como resultado un sentimiento de vergüenza que provoque una falta de perdón sobre mí mismo. La ironía está en que el grado hasta el cual perdonemos a otros será muchas veces el grado hasta el cual nos perdonemos a nosotros mismos; el grado hasta el cual nos liberemos a nosotros mismos muchas veces será el grado hasta el cual perdonemos a otros.

Es como la vieja pregunta: ¿qué fue primero, la gallina o el huevo? Algunas veces es casi imposible decir qué viene primero, si perdonar a otros y así ser capaz de perdonarse a sí mismo, o perdonarse a sí mismo y así ser capaz de perdonar a otros. Pero no es un perdón *total* hasta que ambas cosas sean igualmente verdad.

¿POR QUÉ NO PODEMOS PERDONARNOS A NOSOTROS MISMOS?

¿Cuál es la causa de nuestra incapacidad para perdonarnos a nosotros mismos? A fin de cuentas, ¿por qué no nos perdonamos a nosotros mismos?

Ira

Puede que estemos airados con nosotros mismos. Volvamos a ver la historia de José en el Antiguo Testamento que examinamos en el capítulo dos. Como tipo de Cristo,

José les dijo a sus hermanos: "Ahora pues, no os entristezcáis, ni os pese de haberme vendido acá; porque para preservación de vida me envió Dios delante de vosotros" (Génesis 45:5). Esos hermanos estaban comenzando a captar el mensaje de que José los había perdonado; pero José sabía que ellos lucharían por perdonarse a sí mismos. Una de las pruebas de que José los había perdonado totalmente era que él no quería que ellos estuvieran enojados consigo mismos. Esa es la manera en que Dios perdona. Él no quiere que nosotros estemos enojados con nosotros mismos por nuestros pecados. Jesús nos perdona exactamente de la misma manera en la que José perdonó a sus hermanos; al igual que José no quería que sus hermanos estuvieran enojados consigo mismos, tampoco Jesús quiere que nosotros estemos enojados con nosotros mismos.

No perdonarnos a nosotros mismos es un odio propio; es estar enojados con nosotros mismos. Los hermanos de José se habían odiado a sí mismos por veintidós años por haber vendido a José como esclavo. Ellos no podían retrasar el reloj ni deshacer lo que habían hecho; no podían tener una segunda oportunidad.

Algunas veces es casi imposible decir qué viene primero, si perdonar a otros y así ser capaz de perdonarse a sí mismo, o perdonarse a sí mismo y así ser capaz de perdonar a otros. Pero no es un perdón total hasta que ambas cosas sean igualmente verdad.

Jesús nos dice a usted y a mí: "No estés enojado contigo mismo". Pedro no fue peor por haber negado a Jesús, aunque sí que se sintió avergonzado. Pero su orgullo y su ego disminuyeron, ¡y sospecho que fue más fácil vivir con él después de eso!

Recuerdo haber hablado con un ministro que me contó una aventura amorosa de otro predicador. Él hablaba y hablaba sobre lo terrible y reprensible que había sido el comportamiento de ese hombre, y quería mi opinión sobre lo que debería hacerse.

—No se lo cuentes a nadie más —le dije yo—; simplemente ora por ese hombre.

—¿De verdad? —preguntó ese ministro, que quería que yo me uniera a su sentimiento de molestia.

—No digas nada —repetí yo.

—¿De verdad? —volvió a decir él.

—Sí —dije yo—. Podría ocurrirte a ti si te pusieran en su misma situación.

Recuerdo haberme sentido un poco incómodo con ese hombre. Me dije a mí mismo: *Si yo —Dios no lo quiera— caigo alguna vez en pecado de algún tipo, este es el último hombre a quien se lo contaría.*

Dios puede tomar su pecaminoso pasado y hacer que obre para su bien, de manera tan brillante y bella que usted estará tentado a decir esa era la manera en que debía ser.

Pero ese no es el final de la historia. Unos cuantos años después, el mismo ministro acudió a mí con un problema: él se sentía atraído hacia una mujer de su congregación. Yo inmediatamente recordé la conversación previa que yo había mantenido con él, pero no dije nada sobre eso; simplemente insté a ese hombre a que rompiera la relación de manera tajante e inmediata. Así lo hizo, y el hombre continuó predicando. Él confesó su pecado a Dios y recibió perdón. Pero aún hay más: después de ese incidente, su predicación se volvió más tierna y su espíritu en general era más misericordioso que de autojustificación.

No necesitaríamos tener una aventura amorosa —o ni siquiera acercarnos— para vencer el pecado del orgullo y la autojustificación. Yo he conocido a algunos cristianos hipócritas que se volvieron más aún más fariseos después de haber caído en pecado; comenzaron a justificar todo lo que habían hecho. La respuesta a la autojustificación no se encuentra en una oportunidad para pecar. No sea usted necio. Pero lo que es verdad es esto: Dios puede tomar su pecaminoso pasado y hacer que obre para su bien, de manera tan brillante y bella que estará usted tentado a decir que esa era la manera en que debía ser.

Algunos cristianos que no pueden perdonarse a sí mismos están, debajo de todo, enojados consigo mismos, pero Dios puede comenzar hoy a hacer que todo lo que ocurrió encaje en un patrón para bien. Comience a perdonarse a usted mismo; ¡y no se sienta culpable por hacerlo! Dios dice: "Agarra tu perdón y no mires atrás". Dios tomará los años desperdiciados y los restaurará para bien antes de que todo acabe. Es como el profeta Joel prometió: "Y os restituiré los años que comió la oruga" (Joel 2:25).

En algunos casos es el temor más que la ira lo que constituye una barrera para el perdón a nosotros mismos. Lamentarse por el pasado conduce a la culpa, y la culpa puede conducir al temor: el temor de perder "lo que pudo haber sido" o el temor de que lo que ha ocurrido no tiene posibilidad de obrar para bien.

Culpa verdadera y pseudoculpa

Hay dos tipos de culpa con la que la mayoría de nosotros luchamos: la culpa verdadera (un resultado de nuestro pecado contra Dios) y la pseudoculpa (cuando no hay pecado en nuestras vidas). Cuando hemos pecado —como hicieron los hermanos de José y como hicieron Pedro y los discípulos—, debemos confesarlo a Dios (1 Juan 1:9). La sangre de Jesús se ocupa de la culpa verdadera haciendo dos cosas básicas:

- Limpia nuestro pecado; como si nunca hubiera existido.
- Satisface perfectamente la justicia eterna de Dios.

Dios mira solamente la sangre preciosa de su Hijo para obtener satisfacción. Cualquier experiencia aleccionadora o disciplina que provenga de nuestro Padre no es añadir nada a la sangre de Jesús. Él no se está vengando de nosotros; ya se "vengó" en la cruz. La palabra griega que se traduce como "azote" o "disciplina" en Hebreos 12:6 significa aprendizaje forzoso. Cuando Dios nos enseña una lección, ¡se asegura de que la aprendamos! Siempre que la disciplina es necesaria porque somos pecadores, no se desprende que Dios está buscando una mayor satisfacción para su naturaleza justa. El pecado que ha sido confesado a Dios es totalmente perdonado por Él, y cualquier culpabilidad que sintamos después de eso es pseudoculpa.

Hay también dos tipos de esta culpa falsa:

- Cuando desde un principio no hubo pecado.
- Cuando el pecado ha sido perdonado.

La pseudoculpa —aunque es falsa— es también muy real; es decir, nos sentimos sinceramente culpables. Pero se llama pseudoculpa porque cuando se medita en ello, no hay *ninguna buena razón* para sentirse culpable.

Tomemos, por ejemplo, una persona que esté conduciendo un auto cuando un niño sale corriendo a la carretera en el último segundo y es atropellado. La culpabilidad puede ser abrumadora, pero no hubo pecado; no es necesario que sea confesado a Dios. Otro ejemplo de culpa falsa es dejar pasar una oportunidad. Yo tengo un amigo en Florida que tuvo la oportunidad de comprar una propiedad hace muchos años por 5,000 dólares, pero rechazó la oferta; actualmente esa propiedad tiene un valor de más de un millón de dólares. Él se siente culpable por no haber utilizado su dinero de forma más sabia, pero eso no es una culpa verdadera.

La lista de maneras en que la pseudoculpa puede afectar negativamente nuestras vidas es interminable. Podemos llegar a estar cargados por algo que, en realidad, no tuvo nada que ver con nosotros: no hablar a una persona cuando ni siquiera la ve, no responder a una carta que nunca recibió, etc. Esos no son necesariamente pecados, pero pueden hacernos sentir culpables.

El otro tipo de pseudoculpa es cuando usted ha confesado sus pecados —puede que incluso se haya arrepentido profundamente— pero no se siente perdonado. Una vez que hayamos reconocido nuestro pecado, deberíamos aceptar nuestro perdón y dejar el resto en las manos de Dios.

El pecado que ha sido confesado a Dios es totalmente perdonado por Él, y cualquier culpabilidad que sintamos después de eso es pseudoculpa.

Con el paso de los años yo he desarrollado un sentido de fracaso como padre. Los niños deletrean la palabra *amor* como T-I-E-M-P-O, y yo desearía haberles dado más tiempo a T. R. y a Melissa en aquellos primeros años en Westminster Chapel. Ahora comprendo que ponerlos a ellos primero —no a mi iglesia o a la preparación de un sermón— hubiera dado como resultado el que la iglesia hubiera seguido funcionando igual de bien, si no mejor; pero ahora es demasiado tarde. Para mí, seguir sintiéndome culpable por eso no es agradable a Dios porque Él ya me ha perdonado totalmente. Él quiere que yo acepte mi perdón y le permita restaurar los años que se comió la langosta. Si yo me permito a mí mismo revolverme en mi fracaso, estoy cediendo a la pseudoculpa y pecando a la vez que lo hago, porque estoy dignificando la incredulidad. Debo seguir destruyendo la lista de mis maldades; cada día.

No perdonarnos a nosotros mismos es una forma sutil de competir con la expiación de Cristo. Dios ya ha castigado a Jesús por lo que nosotros hicimos (ver 2 Corintios 5:17). Cuando no aceptamos nuestro propio perdón, estamos castigándonos a nosotros mismos. En lugar de aceptar el sacrificio de Jesús, quiero castigarme a mí mismo por mis fracasos. Esto compite con la obra perfecta de Jesús.

Temor y no perdonarnos a nosotros mismos

El temor, pues, es una de las principales razones por la que no nos perdonamos a nosotros mismos. La persona que teme no ha sido perfeccionada en el amor, y el temor "lleva en sí castigo" (1 Juan 4:18). Pero Pablo nos dice: "Pues no habéis recibido el espíritu de esclavitud para estar otra vez en temor, sino que habéis recibido el espíritu de adopción, por el cual clamamos: ¡Abba Padre!" (Romanos 8:15). Pablo le dijo a Timoteo: "Porque no nos ha dado Dios espíritu de cobardía, sino de poder, de amor y de dominio propio" (2 Timoteo 1:7).

**"Deje que el pasado sea pasado;
de una vez y para siempre."**

Reconocer que el temor —y castigarnos a nosotros mismos por nuestras faltas— desagrada a Dios debiera dar como resultado una tristeza siempre creciente por este espíritu de odio propio. Se nos requiere que nos alejemos de nuestra necedad pasada; y cuando nos sentimos tentados a mirar atrás, debemos obedecer la señal que dice: "Prohibido el paso".

Mi esposa fue tremendamente bendecida por el ministerio de Rodney Howard-Browne, en especial cuando ella asistió una semana a sus servicios en Lakeland, Florida, en enero de 1995. Pero no fue solo el ministerio de Rodney lo que ayudó a Louise; también fue el ministro de música de Jenny Grein y su canción "Más fuerte que antes". Louise recuerda a Jenny gritando las palabras: "Deje que el pasado sea pasado; de una vez y para siempre."

Dios le dice esas palabras a usted. Deje que el pasado sea pasado al fin. Perdónese a usted mismo al igual que a quienes le hayan hecho daño.

Orgullo, autojustificación y autocompasión

A fin de cuentas, nuestra falta de perdón a nosotros mismos puede remontarse al orgullo. Eso es lo que trabaja en última instancia cuando competimos con la sangre de Cristo. Nosotros, en nuestra arrogancia y autojustificación, no podemos soportar que el Señor haga todo por nosotros con tanta gracia, así que creemos que tenemos que ayudarlo un poco; pero esa es una forma de pensar abominable. Nuestro orgullo debe ser eclipsado por la humildad;

debemos dejar que Dios sea Dios y que la sangre de Cristo haga lo que, de hecho, hizo: quitar nuestra culpa y satisfacer el sentido de justicia de Dios.

Al igual que el temor y el orgullo son gemelos idénticos, también lo son la autojustificación y la autocompasión. Sentimos lástima de nosotros mismos y la demostramos no perdonándonos; por eso la pseudoculpa puede desarrollarse y convertirse en una culpabilidad muy real y terrible delante de Dios. Es una culpa falsa, ya que Dios dice: "Tú no eres culpable". La convertimos en una culpa verdadera cuando, en efecto, respondemos: "Sí que lo soy".

El fondo de la cuestión es este: No perdonarnos a nosotros mismos está mal y deshonra a Dios.

En este punto puede que usted esté diciendo: "Estoy de acuerdo. Sé que no perdonarme a mí mismo está mal. Simplemente no puedo evitarlo". ¿Qué se puede hacer para ayudarlo a que se perdone a usted mismo si quiere de verdad hacerlo?

COMPRENDER LA CULPA

Esta capacidad de perdonarnos a nosotros mismos viene en parte de nuestra comprensión de la culpa. La culpa es, en esencia, un sentimiento de que uno es el responsable. Por ejemplo, cuando usted culpa a otras personas, ha guardado una lista de sus maldades; pero cuando usted se culpa a usted mismo, ha guardado una lista de sus propias maldades. El Espíritu Santo nos muestra este pecado; la obra inicial del Espíritu según Juan 16:8 es que Él nos convence de pecado. Cuando Isaías vio la gloria del Señor, fue convencido de su propio pecado (ver Isaías 6:1-5). Cuando andamos en luz sabemos que la sangre nos limpia de pecado, pero andar en luz también revela pecado en nosotros que puede que no hubiéramos visto antes (1 Juan 1:7-8).

Pero el sentido de culpa que Dios instiga es temporal. "Porque un momento será su ira, pero su favor dura toda la vida. Por la noche durará el lloro, y a la mañana vendrá la alegría."

　　　　　　　　　　　　　　　　—Salmo 30:5

Dios solo usa la culpa para llamar nuestra atención. Cuando nosotros decimos. "Lo siento" con sinceridad, eso es suficiente para Dios. Él no nos golpea y requiere que ayunemos cuarenta días para suplementar la expiación de Cristo; Él nos convence de pecado para llamar nuestra atención, pero habiéndolo hecho, quiere que avancemos.

COMPRENDER LA GRACIA

La capacidad de perdonarnos a nosotros mismos, por tanto, aumenta al comprender la gracia. Gracia es favor inmerecido. Misericordia es no obtener lo que sí merecemos (justicia); gracia es obtener lo que no merecemos (perdón total). La gracia no es gracia si tenemos que ser lo suficientemente buenos para que se aplique a nosotros.

Pedro *sabía* lo que había hecho y sabía que era perdonado. David *sabía* lo que había hecho y rogó la misericordia de Dios (ver Salmo 51). Gracia es aceptar lo que no merecemos, y puede parecernos injusto cuando hemos hecho algo horrible. Hemos decepcionado a Dios; hemos decepcionado a los demás.

Pero *es* justo, dice Juan: "Si confesamos nuestros pecados, él es fiel y justo para perdonar nuestros pecados y limpiarnos de toda maldad" (1 Juan 1:9). La sangre de Jesús hizo un trabajo maravilloso. Dios no busca más satisfacción. ¡Nos perdonamos a nosotros mismos hasta el grado en que realmente creemos eso!

Debemos dejar que Dios sea Dios y que la sangre
de Cristo haga lo que, de hecho, hizo: quitar nuestra
culpa y satisfacer el sentido de justicia de Dios.

Todas las acusaciones respecto al pecado confesado vienen del diablo. Cuando usted sabe que ha aplicado 1 Juan 1:9 y sigue sintiendo una voz acusadora por el fracaso pasado, apúntelo: Esa voz no viene de su Padre celestial. No vino de Jesús; no vino del Espíritu Santo. Vino de su enemigo, el diablo, que obra o bien como un león rugiente para asustar o como un ángel de luz para engañar; o como ambas cosas (1 Pedro 5:8; 2 Corintios 11:14). Nunca olvide que el perfecto amor echa fuera el temor (1 Juan 4:18).

DEJE QUE EL PASADO SEA PASADO

La dulce consecuencia de no guardar una lista de todas las maldades es que nos deshacemos del pasado y de su efecto en el presente. Echamos nuestra ansiedad sobre Dios y confiamos en Él para que restaure los años desperdiciados y haga que todas las cosas obren para bien. Nos encontramos, casi milagrosamente, aceptándonos tal como somos (justo como Dios hace) con todos nuestros fracasos (justo como Dios hace), conociendo todo el tiempo nuestro potencial para cometer más errores. Dios nunca se desilusiona de nosotros; Él nos ama y nos conoce perfectamente.

Moisés tenía un pasado; era un asesino (ver Éxodo 2:11-12). Pero años más tarde él proclamaría el octavo mandamiento: No matarás (Éxodo 20:13). David tenía un pasado, pero él también tuvo un futuro después de su vergüenza: "Entonces enseñaré a los transgresores tus caminos, y los pecadores se convertirán a ti" (Salmo 51:13). Jonás se alejó de Dios deliberadamente, pero siguió siendo usado en un sorprendente avivamiento (Jonás 3). El fracaso de Pedro —negar a Jesús— no abortó los planes de Dios para él. Pero todos esos hombres tuvieron que perdonarse a sí mismos antes de poder moverse hacia el ministerio que Dios había planeado para ellos.

La gracia no es gracia si tenemos que ser lo suficientemente buenos para que se aplique a nosotros.

¿Puede usted hacer eso? Habiendo perdonado a otros, es momento de que se perdone a sí mismo. Eso es exactamente lo que Dios quiere de usted y de mí. Debió hacerse mucho tiempo antes: deje que el pasado sea pasado... al fin.

PERO YO OS DIGO:
AMAD A VUESTROS ENEMIGOS...
Y ORAD POR LOS QUE OS ULTRAJAN
Y OS PERSIGUEN.

—MATEO 5:44

CAPÍTULO SIETE

CÓMO PERDONAR: TOTALMENTE

No todo el mundo a quien tenemos que perdonar es un enemigo. Hay algunas personas a las que debemos perdonar que o bien no saben que nos han herido, o si lo saben, nunca lo hubieran hecho a propósito. Pero debemos perdonar a todo aquel hacia quien sintamos enojo porque somos nosotros, y no ellos, quienes necesitamos sanidad. Por eso el perdón total —en un sentido— se convierte en una cosa egoísta. Como dijo Jim Bakker: "Cristo dijo: 'Bienaventurados los misericordiosos porque ellos alcanzarán misericordia'. Yo necesitaba misericordia, necesitaba perdón, y por eso quería darles a los demás lo que yo necesitaba".[1]

PERDONAR A QUIENES NO SON ENEMIGOS

Algunas de las personas a las que yo he tenido que perdonar más no eran enemigos míos en absoluto. Con eso quiero decir que ellos no intentaban aplastarme ni hacerme daño; eran personas que yo había esperado que me ayudaran. En una ocasión yo le pedí a un viejo amigo que escribiera un elogio para un libro que yo había escrito. Él se negó, en parte porque en el libro no había bastantes cosas con las que él estaba de acuerdo y en parte porque yo me estaba ganando una reputación por mezclarme con gente a la que él no aprobaba. Eso me hizo daño. Él no era mi enemigo, pero yo tenía que perdonarlo. He tenido que perdonar a quienes sintieron la necesidad de distanciarse de mí porque yo no doy eco a su "línea compartida". He tenido que perdonar a quienes ya no me necesitan como lo hicieron una vez. Todas esas cosas hacen daño. La ironía está en que a veces es más difícil perdonar a quienes no son enemigos, pero que te han hecho daño profundamente, que perdonar a alguien que es en realidad un enemigo.

Cuanto mayor sea la herida, mayor es la bendición que vendrá con el perdón.

Yo creo firmemente que he tenido algunos enemigos en mi vida; personas que no solo se oponían a mí y a mi enseñanza, sino que también buscaban derribar y destruir mi reputación de forma activa. He tenido que perdonarlos —totalmente—, y creo por la gracia de Dios que lo he hecho de verdad.

Cuanto mayor sea la herida, mayor es la bendición que vendrá con el perdón. La principal motivación para perdonar no es solo la promesa de misericordia que se nos dará, sino también la gran recompensa que se promete, ya sea otorgada aquí abajo o en el cielo. Jesús confirmó esto cuando habló de la última Bienaventuranza:

> "Bienaventurados sois cuando por mi causa os vituperen y os persigan, y digan toda clase de mal contra vosotros, mintiendo. Gozaos y alegraos, porque vuestro galardón

es grande en los cielos; porque así persiguieron a los profetas que fueron antes de vosotros."

—Mateo 5:11-12

Si tiene usted un enemigo real, implacable y genuino —alguien que no es un producto de su ansiedad o de su imaginación—, no debería verse a usted mismo como sentado sobre una mina de oro de 24 kilates. ¡No todo el mundo es tan bienaventurado! Pero si usted ha sido bendecido de esa manera, tómela con ambas manos. Debiera usted tomar una fotografía de esa persona, ampliarla, ponerle un marco y darle gracias a Dios cada vez que la mire. Su enemigo, si lo maneja usted de forma correcta, podría resultar ser lo mejor que le haya ocurrido nunca.

Cuando me estaba preparando para escribir este mismo capítulo, le conté a mi esposa el incidente que me condujo a tener que perdonar a quienes me hirieron hace muchos años. Le conté que fue "lo mejor que me había ocurrido nunca". Quizá eso sea una *ligera* exageración cuando pienso en todas las demás cosas maravillosas que me han sucedido: siendo mi conversión y mi matrimonio con Louise las "dos principales". Pero así es como me siento muchas veces; no aceptaría *nada* a cambio del devastador incidente que dirigió a Josif Tson a decirme: "R. T., debes perdonarlos totalmente".

Cuando te llame a pasar por las aguas profundas.
Los ríos de ayes no te cubrirán;
Porque yo estaré contigo, para bendecir tus problemas,
Y santificar para ti tu más profunda aflicción.[2]

¿QUÉ QUEREMOS DECIR CON TENER UN ENEMIGO?

¿Qué es un enemigo? Es una persona que o bien quiere hacerle daño o bien diría algo sobre usted para cuestionar su credibilidad o integridad. Él o ella se alegrarían de sus caídas o faltas de éxito; no orarían para que Dios lo bendiga y prospere a usted, sino que, en cambio, esperarían sinceramente que Dios lo decepcionara.

Un enemigo es una persona que le odia, aunque nunca admitiría la palabra *odio*. Digo eso porque si su enemigo fuera un cristiano, él o ella saben que está mal odiar y, por tanto, utilizarán cualquier otra palabra o frase: "detestar", "despreciar", "simplemente no los aguanto", "me ponen enfermo", "no soporto mirarlos". En otras palabras, a ellos no les gusta usted, y lo demostrarán de una u otra forma, tarde o temprano.

Cuando usted perdona totalmente a su enemigo, ha cruzado a la esfera de lo sobrenatural.

Un enemigo es también una persona que se aprovechará de usted injustamente, que "le ultrajará" (Mateo 5:44); pasará por encima de usted. Si sabe que usted pone la venganza en las manos de Dios en lugar de en las suyas propias, en lugar de respetarlo lo explotará cuanto pueda, sabiendo que usted no tomará represalias. Algunas veces, un cristiano no tendrá escrúpulos en los negocios con otro creyente porque sabe que esa persona en particular nunca lo llevará ante los tribunales (ver 1 Corintios 6:1-8); puede que diga calumnias de manera escrita porque sabe que usted no lo demandará.

Un enemigo muchas veces lo perseguirá. La palabra griega para "perseguir" simplemente significa "seguir". Los enemigos lo perseguirán porque están obsesionados con usted. El rey Saúl tenía celos de David porque él se había hecho más popular, y el rey Saúl estaba más preocupado por la amenaza de la unción de David de lo que lo estaba por el archienemigo de Israel: ¡los filisteos! Saúl persiguió a David, pero nunca logró matarlo. La principal táctica del perseguidor es desacreditarlo a usted. Hablará mal de usted a su jefe, evitando que logre usted ese ascenso o esa subida de sueldo; les contará a sus amigos cualquier indiscreción que pudiera percibir en su vida; se desviará de su camino para evitar que usted tenga éxito y sea admirado por las personas en la oficina o en la iglesia. Y lo que es más, si esa persona es cristiana, puede que se engañe a sí misma, ¡pensando que lo hace para Dios y para su gloria! "Os expulsarán de las sinagogas; y aun viene la hora cuando cualquiera que os mate, pensará que rinde servicio a Dios" (Juan 16:2). Los perseguidores no matan con la espada o con una pistola; lo hacen con la lengua o con la pluma. Quizá algunas veces usted desearía que sencillamente lo mataran físicamente, y acabar con ello.

LA BENDICIÓN DE TENER UN ENEMIGO

Cuando sabe que una persona está obsesionada con usted y tiene intención de desacreditarlo, usted es muy, muy bendecido. Esto no le ocurre a todo el mundo; usted es un escogido, porque detrás de su enemigo está la mano de Dios. Dios ha levantado a su enemigo, ¡posiblemente justo para usted! La persecución del rey Saúl a David fue lo mejor que pudo haberle ocurrido a David en aquel tiempo; fue parte —una parte vital— de la preparación de David para convertirse en rey. Él tenía la unción (1 Samuel 16:13) sin la corona, y Dios se estaba asegurando de que cuando llegara el día en que él llevara la corona, estuviera preparado. Recuerde la cita del Dr. Martín Lloyd-Jones: "Lo peor que puede ocurrirle a un hombre es tener éxito antes de estar preparado". Dios hizo a David un favor muy especial: levantó a Saúl para que él estuviera atento, para enseñarle a ser sensible al Espíritu (1 Samuel 24:5) y para enseñarle el perdón total. Saúl fue el pasaporte de David a una mayor unción.

Ya sea que su enemigo sea temporal o una "cadena perpetua", nunca olvide que Dios está detrás de todo ello.

PERDONAR TOTALMENTE A NUESTROS ENEMIGOS

Cuando usted perdona totalmente a su enemigo, ha cruzado a la esfera de lo sobrenatural. Quizá sea usted como yo y desee poder sobresalir en todos los dones del Espíritu; desearía realizar señales y maravillas; le encantaría ver su eficacia intensificada y ampliada por una doble unción. Los dones son *sobrenaturales*; es decir, están por encima y más allá del orden natural de las cosas. No hay una explicación natural para lo que es verdaderamente milagroso; pero si usted y yo perdonamos totalmente a alguien que es un verdadero enemigo, créame, acabamos de cruzar a la esfera de lo sobrenatural.

Puede que usted no hable en lenguas; puede que no haya resucitado a nadie de la muerte; pero cuando perdona totalmente a un auténtico enemigo, ha llegado usted *allí*: Ha ascendido a las Ligas Mayores.

Yo creo que estamos hablando del nivel más alto de espiritualidad que existe. Perdonar totalmente a un enemigo es tan espectacular como cualquier milagro, aunque puede que nunca lo sepa nadie. Usted puede interceder por él o ella en soledad; solamente Dios, los ángeles y el diablo lo saben.

Estamos hablando de una hazaña mayor que escalar el Everest, porque perdonar totalmente a un enemigo es escalar el Everest espiritual. Significa la mayor filigrana en el peregrinaje espiritual de cualquier persona. Y, sin embargo, está dentro del alcance de cualquiera de nosotros. No se necesitan importantes conexiones en el gobierno, en los negocios o en la sociedad; no se necesita un trasfondo cultural en particular; no se necesita tener una carrera universitaria. Usted y yo podemos hacer algo extremadamente raro: perdonar a un enemigo (si es que tenemos alguno). Amar a un enemigo desafía cualquier explicación natural. Comienza con tener suficiente motivación. Literalmente, yo estoy buscando motivarlo a usted con estas líneas a hacer lo que muchos hacen, pero lo cual todos *podemos* hacer: perdonar totalmente a cualquier persona que le haya hecho daño. Y la bendición está más allá de palabras que puedan describirla.

¿POR QUÉ TENGO YO ENEMIGOS?

Cuando Jesús dijo: "Amad a vuestros enemigos", Él asumió que tendríamos uno o más de uno, y la mayoría de la gente los tiene. Tristemente, muchos —si no la mayoría de ellos— provendrán de dentro de la comunidad de la fe. Jesús asumía eso sin duda, y realmente nada ha cambiado. Hay mucha persecución que proviene de quienes afirman creer en Dios tanto como usted; y sin embargo, los asuntos o problemas que hay entre ustedes puede que no sean teológicos. Simplemente, ¡puede que usted *no le guste* a su enemigo!

El origen de tal enemistad puede explicarse casi en su totalidad en términos de la carne. Por ejemplo, su enemigo puede que sencillamente no sea capaz de aceptar la forma de ser de usted o el hecho de que usted esté en una cierta posición en alguna cuestión o asunto en particular. Normalmente no hay ningún fallo en usted.

Él o ella pudieran estar enojados con Dios por bendecidlo a usted o por haberle puesto a usted donde está. Usted tiene ese prestigioso trabajo; le pagan bien; es usted admirado por su jefe y las personas de la oficina; Dios lo ha bendecido con ciertos talentos y dones. Siempre habrá alguien que estará celoso o celosa y que buscará derribarlo. Si usted ha sido bendecido con una buena reputación, no se sorprenda si alguien lo resiente. Desgraciadamente, su enemigo no sabe que él o ella probablemente estén en realidad enojados con Dios.

Mientras que puede muy bien argumentarse que la motivación que hay detrás de su enemigo es el diablo (Juan 13:2), al igual que la carne pecadora, la razón que está detrás de que usted tenga un enemigo es que encaja en *los propósitos de Dios*. ¿Por qué? Es lo que necesitamos. David necesitaba un enemigo, y lo mismo nos ocurre a usted y a mí. Nos ayuda a humillarnos para que no nos tomemos a nosotros mismos demasiado en serio. Un enemigo nos muestra lo que somos. Frecuentemente Dios permitirá que un enemigo nos ataque ampliamente, y entonces Dios parece abandonarnos. Él hizo eso con Ezequías para probarlo y ver lo que había en su corazón (2 Crónicas 32:31). En nuestro caso, Dios a menudo levanta un enemigo para ver si realmente queremos ser como Jesús.

Por lo tanto, ¡no se enoje con su enemigo! ¡Es Dios quien está obrando en el corazón de usted! Podría usted preguntar: "¿Pero no quiere Dios que yo tenga éxito?".

Sí, si su éxito es idea de Él. "Deléitate asimismo en Jehová, y él te concederá las peticiones de tu corazón" (Salmo 37:4). Si sus metas permanecen cuanto más tiempo ama usted a Dios, puede ser una buena señal de que las alcance: en el tiempo de Él. Dios le exaltará cuando sea tiempo (1 Pedro 5:6). Dios prepara un enemigo para que estemos alerta, pero también para que estemos de rodillas. Él es soberano; sabe exactamente lo que necesitamos; mantendrá vivo a nuestro enemigo tanto tiempo como lo necesitemos. Ya sea que su enemigo sea temporal o una "cadena perpetua", nunca olvide que Dios está detrás de todo ello.

Recientemente yo estaba predicando en Irlanda del Norte, donde un ministro se acercó a mí después del servicio y me preguntó:

—¿Puede su esposa ser su enemigo?—. ¡Esa pregunta me agarró por sorpresa!

—Sí —respondí yo.

La paradoja del perdón total está en que implica de manera simultánea el egoísmo y la abnegación.

Yo creo que en el matrimonio, un esposo y una esposa pueden desarrollar un disgusto tal el uno por el otro que la única manera de que ese matrimonio avance es la enseñanza de Jesús acerca del perdón total. Todo lo que puede decirse de un enemigo en general, puede describir a un esposo o esposa en particular. La única manera de sanar la situación es perdonar: totalmente.

El objetivo de su enemigo es castigarlo de cualquier forma que pueda, ponerlo en su lugar, mantenerlo a raya. Él o ella piensan que si no hacen eso, entonces no se hará; pueden incluso sentir que ellos son un instrumento que Dios usará para ponerlo a usted en su lugar. Pero mientras que sus motivos pueden ser carnales, el propósito de Dios es nuestra santificación.

AMAR A NUESTROS ENEMIGOS

Jesús pone ante nosotros el mayor desafío que hubo nunca, un desafío mayor para el espíritu humano que el que la ciencia enfrentó al poner un hombre en la luna: es, sencillamente, amar a nuestros enemigos. Jesús usa la palabra *ágape*, como Pablo lo hizo en 1 Corintios 13. No es *eros* (un amor físico o sexual), ni tampoco *phileo* (un amor de hermano). *Ágape es una preocupación desinteresada por los demás.* Es un amor que se entrega; *ágape* no es necesariamente afecto. Puede usted querer (ágape) a una persona y que no le guste esa persona; puede usted querer a una persona pero no desear pasar unas vacaciones con él o ella. Pero puede usted querer a una persona y actuar hacia él o ella de forma desinteresada.

Este desafío puede ser casi abrumador. Jesús nos enseña a que venzamos a nuestro enemigo no demostrando a todo el mundo lo equivocado que él o ella estaban, sino igualando su odio con el nuestro, pero a través del amor.

Esto nos lleva de regreso al asunto de la elección. El amor no es lo que usted siente, y el perdón no es lo que sale de forma natural. A menudo se dice: "No puedes evitar lo que sientes". Por lo tanto, preguntamos: "¿Implica la elección de amar reprimir o negar nuestros sentimientos?". No. La represión casi nunca es algo bueno que hacer; pero el amor es una elección consciente de perdonar, ¡aun cuando no le apetezca! Si espera usted a sentirlo, probablemente nunca perdonará. Debe hacerlo porque es correcto, debido a una elección que usted ha hecho y que no está basada en sus sentimientos.

Muchas veces le han preguntado a Nelson Mandela cómo emergió de aquellos años en prisión sin estar amargado; su respuesta es sencilla: "La amargura solo hace daño a uno mismo". Extrañamente, muchas personas que están amargadas comprenden plenamente eso, pero sin embargo siguen sin poder perdonar. Ellos entienden racionalmente que la amargura le empobrece a uno, pero continúan albergándola. ¿Cómo venció Nelson Mandela sus sentimientos? La respuesta se encuentra en sus propias palabras: "Si odias, les darás tu corazón y tu mente. No entregues esas dos cosas". La paradoja del perdón total está en que implica de manera simultánea el egoísmo y la abnegación. Es egoísta, en que usted no quiere herirse a sí mismo aferrándose a la amargura; y es abnegado en que usted se compromete al bienestar de su enemigo. Casi se podría decir que el perdón total es a la vez un egoísmo extremo y una abnegación extrema. Cuando perdona, usted busca sus propios intereses, pero también hace libre a su ofensor. Aun los incrédulos comprenden los beneficios del perdón en un sentido físico y emocional. Sin duda que eso nos deja sin ninguna excusa. Si un no cristiano es capaz de perdonar a otros, ¿cuánto más debiéramos los cristianos seguir un estilo de vida de perdón? Somos aquellos a quienes Jesús advirtió:

"Porque si perdonáis a los hombres sus ofensas, os perdonará también a vosotros vuestro Padre celestial; mas si no perdonáis a los hombres sus ofensas, tampoco vuestro Padre os perdonará vuestras ofensas."

—Mateo 6:14-15

Como cristianos, no tenemos elección. Despreciamos nuestra comunión con Dios y sus bendiciones aquí abajo cuando no perdonamos. Si todos nuestros pecados nos han sido perdonados —y eso incluye aun los pecados que hemos olvidado—, ¿cómo nos atrevemos a no hacer lo mismo con otras personas?

INTENTAR JUSTIFICAR NUESTRO PECADO

El error que muchos de nosotros cometemos es este: Decimos abiertamente y (al parecer) razonablemente: "Sé que soy pecador. He hecho algunas cosas bastante horribles, pero no tan malas y horribles como las que me han hecho a mí". Este es un razonamiento muy común, ya sea respecto a la violación, el abuso infantil, la mentira compulsiva o la infidelidad. Decimos: "Yo nunca violaré, mataré o abusaré físicamente de nadie". O puede que digamos: "Puede que yo haya robado algo en esa tienda. Puede que haya defraudado en mi declaración de la renta; incluso puede que haya chismeado un poco. Pero nunca abusaría de un niño". Podemos estar entre los que dicen: "Sé lo que es perder los estribos. A veces he sido celoso; he codiciado el éxito de otra persona. Pero nunca he hecho nada tan malvado como ser infiel a mi querido cónyuge".

Yo comprendo todo eso. La mayoría de nosotros tenemos que perdonar ofensas específicas que nosotros mismos puede que nunca hagamos a otros. Pero lo que no comprendemos al principio —y puede que la verdad no se enfrente por mucho tiempo— es el significado de las palabras de Jesús de que aquellos de nosotros que seamos injustos en lo poco también lo seremos en lo mucho (Lucas 16:10). Estemos de acuerdo o no, esa es la doctrina de pecado de Jesús; ese es su punto de vista sobre las personas. Los pecados "pequeños" que cometemos que pueden parecer relativamente inofensivos (llevarse un bolígrafo de la oficina), solo demuestran qué otras cosas haríamos si supiéramos que íbamos a salir impunes. El flirteo con el sexo opuesto no es sino la punta del iceberg de lo que nos encantaría hacer, si supiéramos que no íbamos a ser descubiertos.

El punto es este: Dios no solo conoce los pecados que hemos cometido, sino también los pecados que somos capaces de cometer. Él conoce nuestros corazones; Él ve lo que hay en nuestro interior que puede que nosotros no estemos dispuestos a enfrentar. Nuestra autojustificación y sentido personal de decencia muchas veces camufla la maldad que está dentro de nuestra alma. Cuando la Biblia dice en 1 Juan 1:7 que la sangre de Jesús nos limpia de *todo pecado*, quiere decir que se nos han perdonado pecados de los que ni siquiera somos conscientes. La verdad es que dadas las circunstancias apropiadas, la presión, la tentación y el momento, *cualquiera* de nosotros podría igualar la maldad (o su equivalente ante los ojos de Dios) que nosotros mismos tenemos que perdonar. Si negamos esto, es porque no estamos de acuerdo con lo que la Biblia dice acerca de los hombres y mujeres de cualquier color, cultura, educación o trasfondo. Y sin embargo, estar de acuerdo con la Biblia no lo hace fácil. Seguimos estando indignados de que esa persona —que sabe la verdad y debiera no haber incurrido en el error— pudiera llevar a cabo ese acto o herirnos de esa manera. Pero la Biblia está diciendo que:

• Somos culpables de un pecado diferente que es igual de horrible a los ojos de Dios.
• Somos capaces de cometer un pecado igual de malo a los ojos de Dios.
• Puede que caigamos en un pecado similar al que el otro cometió, o peor.

No perdonar no solo conduce a una profunda amargura sino también, como ya hemos visto, a la capacidad de cometer una maldad que sea peor de lo que nunca imaginamos. Dios *podría* juzgarnos permitiendo que finalmente cayésemos en el mismo pecado que se nos pide que perdonemos, en caso de que sigamos firmes y reacios. Yo ciertamente lo he visto ocurrir. Sé de personas que estaban indignadas con una conducta en particular, pero que más tarde hicieron exactamente lo mismo que criticaban. Por eso Jesús dijo: "No juzguéis, para que no seáis juzgados" (Mateo 7:1).

A pesar de todo, Dios nos da motivos para hacer lo correcto apelando a nuestro propio interés, aunque no tendría por qué hacerlo. Él podría decir: "Simplemente hazlo porque yo lo digo y porque es correcto". Él podría, pero no lo hace. Podría haber dicho: "Me has robado al no dar los diezmos. Comienza a diezmar ahora porque es mi ley". Podría haber dicho eso, pero no lo hizo. Él dijo: "Traed todos los diezmos al alfolí y haya alimento en mi casa; y probadme ahora en esto, dice Jehová de los ejércitos, si no os abriré las ventanas de los cielos, y derramaré sobre vosotros bendición hasta que sobreabunde" (Malaquías 3:10). De la misma manera, Dios apela a que hagamos lo que está mandado y es correcto, pero de tal forma que nos alienta a obedecer.

RAZONES PRAGMÁTICAS PARA PERDONAR

Hay dos razones pragmáticas para perdonar:

1. Considere las consecuencias cuando usted perdona
"Libéralos, y tú serás liberado", me dijo Josif Tson. Yo no pensaba que podía hacerlo, pero Josif tenía razón. La atadura no merecía la pena para que yo me aferrara a mi falta de perdón. La ausencia de ver el rostro de Jesús no merecía la pena. La falta de paz no merecía la pena. Pero recuperar la paz (yo había olvidado lo que era) merecía la pena por completo. Dios es un Dios celoso y no nos permitirá disfrutar de esa paz interior si tenemos un espíritu que no perdona.

Recuerdo la primera vez en que me di cuenta que la vieja paz se había ido. Fue en agosto del año 1956. Menos de un año antes de eso, yo pasé por lo que llamo mi propia experiencia de "camino de Damasco" cuando conducía mi auto desde Palmer a Nashville, Tennessee. El Señor Jesucristo me bendijo con una paz tal que yo no podría describir aunque fuese Shakespeare, Wordsworth y Shelley en uno; la paz era simplemente indescriptible. Pero en agosto de 1956 perdí los estribos con mi padre. Él me acusó de renunciar a las creencias en las que me habían educado y dijo que yo estaba totalmente fuera de la voluntad de Dios. Yo, como si dijéramos, "me perdí" por completo. No debería haberlo hecho, pero lo hice, y luego me sentí muy mal. Desearía haberle pedido que me perdonara por haber perdido los estribos (lo cual no hice), y desearía haberle perdonado a él por sus palabras bien intencionadas pero inciertas (lo cual no hice). En cambio, me propuse pasar los años siguientes vindicándome a mí mismo. Podría desear que Josif Tson se hubiera puesto a mi lado en aquel tiempo y me hubiera advertido de las consecuencias de mi amargura. *Desearía...* Lo único que sé es que pasó mucho tiempo antes de encontrar la llave del camino de regreso a la paz.

**Quién sabe cómo le usará Dios
en el camino si —una vez por todas—
libera usted a sus enemigos
y nunca mira atrás.**

Qué extraño, ¿no es cierto? Aquí tenemos las claras palabras de Jesús en el Padrenuestro, sin mencionar el resto del Nuevo Testamento. Y yo intenté todo lo posible, desde diezmar, doblar el diezmo, orar dos horas al día, pasar al frente durante un servicio en cualquier momento en que lo sintiera, que alguna persona me impusiera las manos, etc. Pero lo único que tenía que hacer era perdonar a mi padre, y a un número en aumento constante de personas que después me cuestionaron a mí y la dirección de mi vida.

Si este libro está diseñado expresamente para usted (porque usted lucha para perdonar y para vencer la amargura), considere que la paz interior y el pensar con claridad están más cerca de usted que sus mismos dedos, más cerca que el aire que respira. Está cerca de usted, en su corazón, pero usted es incapaz de experimentarlos debido al resentimiento que está guardando contra otras personas. Perdónelas. Libérelas. Hágalo en su corazón. Niéguese a esas conversaciones imaginarias que le roban el tiempo y el sueño. Piense pensamientos agradables:

> "Por lo demás, hermanos, todo lo que es verdadero, todo lo honesto, todo lo justo, todo lo puro, todo lo amable, todo lo que es de buen nombre; si hay virtud alguna, si algo digno de alabanza, en esto pensad."
>
> —Filipenses 4:8

Esteban llegó a tal cima de espiritualidad que su ejemplo jugó un papel en la conversión de Saulo de Tarso (que luego se llamó Pablo). En medio de un inmenso dolor por las piedras que golpeaban su cuerpo, Esteban pudo decir con su último aliento: "Señor, no les tomes en cuenta este pecado" (Hechos 7:60). Saulo fue testigo de todo el incidente y nunca lo olvidó; lo mismo puede suceder con nosotros. Como está escrito: "Cosas que ojo no vio, ni oído oyó, ni han subido en corazón de hombre, son las que Dios ha preparado para los que le aman" (1 Corintios 2:9). Quién sabe cómo Dios le usará en el camino si —una vez por todas— libera usted a sus enemigos y nunca mira atrás.

2. Considere las consecuencias cuando usted no perdona

Jesús lo expresa con palabras muy fuertes: "Mas si no perdonáis a los hombres sus ofensas, tampoco vuestro Padre os perdonará vuestras ofensas" (Mateo 6:15). Eso no significa que ya no será usted guiado ni cuidado. Dios siguió guiándome y cuidándome, pero ahora comprendo por qué perdí tanto de lo que una vez tuve. A pesar de lo grandes que los planes de Dios pudieran haber sido para mí, Él no adaptó las reglas para mí, y me permitió meterme en profundas deudas y sufrir la humillación de tener que salir del ministerio de la predicación a tiempo completo; me dediqué a vender aspiradoras como vendedor puerta por puerta durante años, viviendo bajo una nube por la cual nadie creía en mí y teniendo un padre piadoso que creía todo lo que más temía respecto a mí.

No soy capaz de decir si dañé mi salud en todo eso, pero en algunos casos el negarse a perdonar conduce a incontables enfermedades físicas. La falta de perdón envejece; pone arrugas en las caras antes de tiempo; en algunos casos significa problemas de sueño.

Tener que perdonar a mi padre *no* era lo que sucedía cuando tuve mi encuentro, mencionado anteriormente, con Josif Tson, ya que mi amistad con Josif llegó muchos años después. Pero lo que es cierto es esto: No perdonar a mi padre hizo que fuera más fácil y natural estar amargado más tarde. La persona que se convirtió en un padre sustituto (yo me acerqué a otra persona para obtener aprobación) me hizo mucho más daño aún del que mi padre me había hecho, y la amargura que yo sentía hacia él era mil veces peor. Pero yo no sentía convicción de que eso estuviera mal, y tampoco Dios se manifestó a sí mismo con ningún gran poder. Sin embargo, yo desprecié una unción que podría haber sido mía.

Las consecuencias de un espíritu no perdonador conducen a una cosa: la amargura no merece la pena. El diablo no quiere que usted perdone a otros; a él le encanta usted está amargado, pues de esa manera él tiene acceso a usted y, por lo tanto, destacará lo que parecen ser buenas razones para querer que su adversario sea castigado, y por medio de usted si es posible. A propósito, esas conversaciones imaginarias son inspiradas por él; él quiere robarle su tiempo, su energía y su gozo. Usted puede esperar encontrarse con obstáculos en su camino si intenta perdonar; parecerán "providenciales", excusas sobre el porqué es usted la excepción de la regla. Nunca olvide que cuando Jonás decidió alejarse de Dios y dirigirse a Tarsis encontró (¡providencialmente!) un barco que se dirigía allí (Jonás 1:3); en ese momento parecía que Dios respaldaba sus decisiones. También usted encontrará maneras y razones por las que no necesita perdonar, pero las consecuencias de eso son desastrosas.

PASOS EN EL PERDÓN TOTAL DE OTROS

Ya que el perdón es una elección, ¿cuál es el siguiente paso? Si estamos persuadidos de que es correcto y hemos decidido hacerlo (y no mirar atrás), ¿qué viene después? La respuesta ya se ha dado en el capítulo dos, pero volveré a enunciar las razones.

1. Haga la elección deliberada e irrevocable de no decirle a nadie lo que le hicieron

(Como dije anteriormente, puede que usted necesite hacerlo por razones terapéuticas, pero solo a una persona que nunca vaya a revelar lo que hay en su corazón). Jesús también dijo que quien es fiel en lo poco es también fiel en lo mucho, y esto es lo primero. No lo mencione; niéguese a contárselo a nadie.

A veces esto no es necesariamente fácil, pero cuando nuestro motivo es hacer daño a otra persona contando lo que ha hecho, hay pecado por nuestra parte. Por tanto, no lo cuente, ni siquiera en parte; quédese callado.

2. Sea amable con ellos cuando esté a su alrededor

No diga ni haga nada que pudiera ponerlos ansiosos. Haga que estén tranquilos. Esto puede ser difícil de hacer, ciertamente más difícil que el primer paso. Somos nosotros quienes tenemos miedo cuando no podemos perdonar. Cuando les pasamos nuestro miedo a ellos es totalmente lo opuesto a lo que Jesús haría. Él diría: "No temas". Josif Tson dice que hay 366 afirmaciones sobre "no temer" (o su equivalente) en la Biblia, ¡una por cada día del año y una por el año bisiesto! Dios no quiere que tengamos temor; no debemos hacer ni decir nada para hacer que otros tengan temor. Sea amable. Haga que estén tranquilos. Eso es lo que Jesús hizo cuando se apareció después de su resurrección a diez discípulos que estaban tras puertas cerradas (ver Juan 20:19).

3. Si se produce una conversación, diga aquello que los hará libres de la culpa

La culpa es más dolorosa, y nosotros podemos castigar fácilmente a las personas enviándolas a un "viaje de culpabilidad". Nunca haga eso. Recuerde que Jesús no quiere que nos sintamos culpables. Cuando nosotros vamos a ser Jesús para otra persona, entonces no querremos que esa persona se sienta culpable consigo misma.

Este es un punto difícil, pues logramos algo de satisfacción cuando pensamos que el otro se siente realmente mal. Eso nos apacigua y suaviza nuestro enojo de alguna manera; pero si queremos ser valientes y completamente magnánimos —mostrando de esa manera una verdadera piedad—, diremos cualquier cosa que sea equivalente a las palabras de José: "No os entristezcáis" (Génesis 45:5). José no iba a permitir que sus hermanos se sintieran culpables, y esa es una elección que también nosotros debemos hacer. Es difícil, pero es lo que nosotros querríamos si las cosas fueran al revés y nosotros necesitáramos perdón. "Y como queréis que hagan los hombres con vosotros, así también haced vosotros con ellos" (Lucas 6:31).

4. Deje que ellos se sientan bien consigo mismos

Esto no solo significa nunca recordarles su ofensa y el daño que usted recibió, sino que también significa ayudarlos a superar cualquier sentimiento de culpabilidad que pudieran tener. Esto puede hacerse sin hacer referencia a lo que ellos hicieron. Si no es algo hecho abiertamente, al igual que en la situación de José, eso desde luego es diferente; él permitió que sus hermanos quedaran en buen lugar demostrándolos la estrategia soberana de Dios en su pecado. Pero en muchos casos usted no podrá hablar acerca de nada específico, aunque puede seguir permitiendo que ellos queden en buen lugar porque usted sabe que ellos saben lo que hicieron.

Por lo tanto, usted debe comportarse ¡como si ni siquiera pensara que hicieron algo mal! Esto es difícil para todos nosotros, pero debe hacerse. Diga cualquier cosa que pueda (siempre que sea verdad) que le dé a esa persona un sentido de dignidad. Ese es el punto de Gálatas 6:1: "Hermanos, si alguno fuere sorprendido en alguna falta, vosotros que sois espirituales, restauradle con espíritu de mansedumbre, considerándote a ti mismo, no sea que tú también seas tentado". Mientras haya una huella de autojustificación y de señalar con el dedo, su intento de perdón total le resultará fallido.

5. Protéjalos de su mayor temor

Si conoce usted algún secreto escondido y oscuro y algún temor que tengan, ellos probablemente sepan que usted lo sabe. Si pueden decir, por la gracia que usted muestra, que su secreto nunca será revelado —nunca— a nadie, se sentirán aliviados. Usted solo se lo dirá a ellos cuando sepa que ellos saben que usted lo sabe, y esté convencido de que eso los hará sentir un poco mejor. Si al recordárselo, obviamente no les hiciera sentirse mejor, ¡ni siquiera lo intente! Recuerde que José sabía que el mayor temor de sus hermanos era su padre, Jacob, quien conocería la verdad de su malvado acto. José nunca mencionó eso directamente sino que sugirió que ellos hablasen con Jacob de tal forma que no tuvieran que contárselo (ver Génesis 45:9-13). Debió de haber sido un alivio inmenso para los hermanos de José saber que no estaban obligados a contárselo a Jacob; pero de eso se trata el perdón total: liberar a las personas.

6. Manténgalo hoy, mañana, este año y el siguiente
Como hemos dicho, el perdón total es un compromiso de por vida. Algunos días será más fácil que otros. Llegará un momento en que usted crea que ya lo ha superado por completo y que ha ganado una victoria total, solo para descubrir al día siguiente que Satanás le recuerda lo que ellos le hicieron, la profunda injusticia, y que ellos no serán castigados ni descubiertos, y surgirá la tentación a la amargura. Después de todo, ¡no somos perfectos! Si decimos que no tenemos pecado —que somos incapaces de caer en la vieja amargura— somos engañados (1 Juan 1:8).

Por eso precisamente es que leo Lucas 6:37 cada día: "No juzguéis, y no seréis juzgados; no condenéis, y no seréis condenados; perdonad, y seréis perdonados". Todos los compromisos a perdonar necesitan renovarse; en mi caso, diariamente. No estoy diciendo que eso es lo que usted *debe* hacer, pero le advierto: el diablo es astuto, y entrará por la puerta trasera de forma inesperada para intentar molestarlo por haber perdonado. Cuando usted perdonó a su enemigo, allí y en ese mismo instante quitó la invitación abierta al diablo para entrar. La base lógica favorita de Satanás es la amargura; por lo tanto, seguirá intentando volver a entrar en su vida pensante.

Ya sea Lucas 6:37 o cualquier otra manera en su caso —aun si usted no necesita renovarlo cada día—, puedo decirle aquí y ahora que es solo cuestión de tiempo para que su compromiso a perdonar tenga que ser renovado.

7. Ore por ellos

"Pero yo os digo: Amad a vuestros enemigos... y orad por los que os ultrajan y os persiguen" (Mateo 5:44). Cuando usted hace eso de corazón —orando para que ellos sean bendecidos y liberados—, entonces ha llegado. No es una oración superficial, no es una oración que dice: "Los encomiendo a ti", y sin duda no es una oración que dice: "Oh Señor, por favor trata con ellos". Es orar para que Dios los perdone; es decir, que *no tome en cuenta* lo que ellos han hecho y los bendiga y prospere como si nunca hubieran pecado.

Pero tal como dijo Juan Calvino, hacer eso es "extremadamente difícil". Como dijo Crisóstomo, es la cumbre más alta del dominio propio. "Mejor es el que tarda en airarse que el fuerte; y el que se enseñorea de su espíritu, que el que toma una ciudad" (Proverbios 16:32).

Orar por la persona que le haya herido o le haya decepcionado es el mayor desafío de todos, debido a tres razones:

- Usted toma una ruta que es totalmente opuesta a la carne.
- Nunca nadie sabrá que usted lo está haciendo.
- Su corazón podría romperse cuando Dios conteste esa oración y verdaderamente los bendiga como si nunca hubieran pecado.

Y sin embargo, la palabra de oración de Jesús por tales personas no es una educada sugerencia; es un mandato, que puede parecer tan terrible e injusto que quiera usted descartarlo. Algunos lo consideran una meta elevada pero irrealista.

Recuerdo a un líder de una iglesia que acudió a mí para orar por su yerno, que le había sido infiel a su hija. Él me dijo que su propia oración era solo esta: que Dios "tratara" con ese hombre. "Hasta ahí he llegado —me dijo—, que Dios trate con él".

Yo comprendí lo que él quería decir, y lo sentí por él. Yo veo que lo que la gente le hace a nuestros hijos es lo más difícil de perdonar y, por tanto, comprendo lo que ese hombre estaba sintiendo. Unos días después se informó de que el yerno de ese líder había sufrido un grave accidente, y ese líder de la iglesia estaba al teléfono, contento de que hubiera ocurrido el accidente. Ahora bien, en ese caso en particular no había nada siniestro en su euforia; él simplemente esperaba que el accidente hiciera despertar a su yerno y que restaurara su matrimonio. Era muy comprensible.

Pero eso no es lo que Jesús quiere decir. Él nos manda orar para que nuestro enemigo sea *bendecido*. Si, sin embargo, usted orase para que él o ella sean maldecidos o castigados en lugar de ser bendecidos, solo recuerde que probablemente su enemigo sienta lo mismo acerca de usted. Después de todo, ¿ha sido *usted* alguna vez el enemigo de alguien? ¿Ha hecho *usted* alguna vez algo que hiciera llorar y quebrantarse a otro hermano o hermana en Cristo? Si es así, ¿cómo le gustaría que esa persona orase por *usted*? ¿Para que Dios tratara con *usted*? ¿Para que Dios hiciera que *usted* tuviera un accidente? Sin embargo, ¿cómo le haría sentir si él o ella orasen para que usted sea bendecido y liberado? ¿Para que usted prospere como si nunca hubiera pecado? ¿No le gustaría eso? "Y como queréis que hagan los hombres con vosotros, así también haced vosotros con ellos" (Lucas 6:31).

Jesús quiere una oración sincera por nuestra parte. Es como poner el nombre de usted en un documento con testigos y nunca mirar atrás. A usted no se le permite decirle al mundo: "¿Saben lo que hice? De verdad he orado para que mi cónyuge infiel sea bendecido". No. Es algo que se hace en silencio; solamente los ángeles son testigos, pero eso hace muy feliz a Dios.

Después de todo, todo padre quiere que sus hijos se lleven bien los unos con los otros. A ningún padre le gusta cuando un niño llega y se queja del otro, y demanda que sea castigado. El pobre padre está entre la espada y la pared. Lo que alegra el corazón de todo padre es cuando hay amor y perdón, y él no queda en un aprieto por tener que ponerse del lado de uno y castigar al otro. Eso es lo que nosotros hacemos por Dios cuando le pedimos que Él bendiga y maldiga. Él nos dijo que orásemos por nuestros enemigos: "Para que seáis hijos de vuestro Padre que está en los cielos, que hace salir su sol sobre malos y buenos, y que hace llover sobre justos e injustos" (Mateo 5:45).

CINCO PASOS PARA ORAR POR NUESTROS ENEMIGOS

Hay cinco etapas, o niveles, de orar por los enemigos:

- Obligación. El primer nivel está estrictamente basado en la obediencia; usted lo hace porque siente que tiene que hacerlo.
- Deuda. Ha alcanzado usted el segundo nivel cuando es tan consciente de lo que le han perdonado a usted que no puede evitar orar por su enemigo. No quiere que Dios "le descubra" a usted, y por eso ora para que su enemigo tampoco lo sea.

- **Deseo.** Usted comienza a orar por su enemigo porque es lo que de verdad quiere.
- **Deleite.** Esta etapa lleva un paso más allá al deseo. Es cuando a usted le encanta hacerlo. Se goza en orar por su enemigo y bendecidlo.
- **Permanencia.** Esto significa que lo que usted tomó como un compromiso de por vida se convierte en un estilo de vida. La idea de volver atrás o de orar de manera diferente está fuera de la cuestión; se ha convertido en un hábito, y ya no parece algo extraordinario. Jackie Pullinger dijo: "Para la persona espiritual lo sobrenatural parece natural". Lo que comenzó como una obligación y una vez pareció insuperable, ahora es casi una segunda naturaleza.

Todo esto se hace en secreto, detrás del telón; solo los ángeles lo saben. Es una intercesión silenciosa. A usted no se le permite obtener su recompensa o aplauso de las personas que puedan pensar: *¡Oh, es maravilloso que ores así por tu enemigo!* No. Es un secreto que nunca debe contarse. Entre en su lugar de oración y cierre la puerta. "Y tu Padre que ve en lo secreto te recompensará en público" (Mateo 6:4).

Otra consecuencia sorprendente de su oración es que, quizá, puede que su enemigo se convierta en su amigo.

Hay varias consecuencias de orar por sus enemigos o por personas que le hayan decepcionado. La consecuencia más obvia es su recompensa en el cielo; pero otra consecuencia es que —le advierto— ¡Dios puede que conteste su oración! Puede que usted diga: "¡Oh no! Yo solo oré por ellos porque estaba siendo obediente. Seguro que Dios no bendecirá y prosperará de verdad a esa persona tan malvada, ¿no?". Bien, ¡puede que Él lo haga! La pregunta es: ¿Hará la oración de todas maneras?

Volvamos las cartas y supongamos que usted haya herido a alguien. Si él o ella orase por la prosperidad de usted, no pondría objeciones, ¿no es cierto? ¿Cómo sabe usted que eso no ha ocurrido ya? ¿Cómo sabe usted que la bendición y la satisfacción que usted está experimentando no son la respuesta a una oración por usted que alguien a quien usted ha herido ha hecho? Puede que usted diga: "Él o ella nunca orarían por mí de esa manera". Quizá. Pero el mismo hecho de que usted sea bendecido y, sin embargo, haya causado heridas en la vida de otra persona es la prueba de que Dios ha escogido no castigarle a usted aún. Sea agradecido por eso, y ore por sus enemigos a cambio.

Otra consecuencia sorprendente de su oración es que, quizá, su enemigo pueda convertirse en su amigo. Eso es lo que Dios nos hizo a nosotros:

> "Dios estaba en Cristo reconciliando consigo al mundo, no tomándoles en cuenta a los hombres sus pecados, y nos encargó a nosotros la palabra de la reconciliación."
> —2 Corintios 5:19

Usted también puede ganarse a su enemigo amándolo y orando por él. Puede que usted diga ahora: "Yo no quiero que esa persona sea mi amigo". Eso está bien. Vimos antes que el perdón total no siempre significa reconciliación. No se sienta culpable si no quiere usted que sean buenos amigos; pero en algunos casos eso es lo que ha sucedido. Y si hay una reconciliación, o al final se entabla una amistad, puede que la persona le diga a usted: "Estuviste brillante todo el tiempo. Fuiste bondadoso y amable, nunca vindicativo". Una guía a seguir: Trate a su enemigo ahora de la manera en que se alegrará de haberlo hecho en caso de que se hagan buenos amigos.

La consecuencia más positiva es el conocimiento de que usted ha agradado a Dios. Yo quiero ser como Enoc, que "tuvo testimonio de haber agradado a Dios" (Hebreos 11:5). Nada agrada más a Dios que el que nosotros amemos y oremos por nuestros enemigos. Es significativo que los problemas de Job se terminaron cuando él oró por sus amigos, que fueron perseguidores y torturadores durante su sufrimiento. "Y quitó Jehová la aflicción de Job cuando él hubo orado por sus amigos; y aumentó al doble todas las cosas que habían sido de Job" (Job 42:10).

Hacer eso es, desde luego, nuestra obligación, pero finalmente se convierte en una delicia. Si usted odia, le entregará a su enemigo su corazón y su mente. Como dijo Nelson Mandela: no entregue esas dos cosas.

CONCLUSIÓN

Margaret Moss, cuyo esposo, Norman, fue el ministro de la iglesia Queen's Road Baptist Church en Wimbledon, me ha concedido permiso para compartir las siguientes dos historias. Supe de ellas cuando le pregunté si había visto ocurrir alguna sanidad últimamente. Ella me dio dos ejemplos recientes, y ambos, como así ocurre, tenían que ver con el tema de este libro.

El primero se refería a una mujer que había sufrido un accidente de auto veintidós años atrás. Había tenido dolores constantes de cuello durante todos esos años, y debido a que no podía volver su cabeza para mirar por el espejo retrovisor de su auto, había sido obligada a renunciar a su licencia de conducir. Margaret le preguntó si alguna vez había orado por el conductor del auto que había provocado el accidente.

—No —fue su respuesta.

Margaret sugirió que la mujer orase por él.

—Lo perdono —comenzó a orar la mujer.

—Ahora bendígalo —continuó Margaret.

La mujer comenzó a bendecir a ese hombre, y el dolor se le quitó. A la mañana siguiente ella pudo mover el cuello por primera vez en veintidós años. Eso sucedió hace más de un año, y la sanidad ha continuado.

El segundo relato implicaba a una mujer de mediana edad cuyo padre había abusado de ella terriblemente. Esa mujer afirmó haberle dicho al Señor que lo perdonaba una y otra vez. Pero a pesar de su oración, ella había continuado con un "espíritu cargado", dijo Margaret. "Entonces le sugerí que comenzara a bendecir a su padre y también a pronunciar las palabras de que lo había perdonado. En el instante en que ella dijo: 'Bendigo a mi padre', ¡se volvió fuera de control!".

El perdón no es perdón total hasta que bendigamos a nuestros enemigos y oremos para que sean bendecidos.

¡La pesadez se fue por completo! La última vez que Margaret vio a esa mujer, ella le dijo que el espíritu de pesadez no había vuelto, y añadió: "Ahora mi vida ha cambiado por completo".

El perdón no es perdón *total* hasta que bendigamos a nuestros enemigos y oremos para que sean bendecidos. Perdonarlos es un gran paso; perdonarlos *totalmente* se ha logrado por completo cuando liberamos a Dios para que los bendiga. Pero en todo esto, nosotros somos los primeros en ser bendecidos, y quienes perdonan totalmente son los más bendecidos.

En la Introducción a este libro notamos que la enseñanza y el acto del perdón han sido reconocidos como válidos y terapéuticos incluso fuera de la esfera de la fe cristiana. Recordará el artículo del *Daily Express* sobre el curso en Leeds.[1] La razón para ese curso, que fue pagado con una beca de la fundación John Templeton Foundation, parece que fue la creencia en que el perdón puede ser bueno para la salud. Guardar rencor, se dice, conduce a enfermedades que van desde los catarros comunes hasta las enfermedades coronarias debido a todo el enojo y estrés almacenados. El Dr. Sandi Mann, psicólogo de la universidad de Central Lancashire, cree que existe un fuerte vínculo entre nuestras emociones y nuestro sistema inmunológico. Todo esto se hace para mostrar los beneficios de perdonar a las personas, ¡incluso si no estamos motivados por Jesús y el Nuevo Testamento!

Estos son diez pasos para la libertad, tal como se expresaron en el artículo del *Daily Express*:

1. Deje de poner excusas, indultar o racionalizar.
2. Identifique los actos que le hayan herido.
3. Pase tiempo pensando en maneras en las cuales su vida sería más satisfactoria si pudiera usted deshacerse de sus tristezas.
4. Intente reemplazar los pensamientos iracundos acerca de la "maldad" del ofensor por pensamientos acerca de que el ofensor es también un ser humano que es vulnerable al daño.
5. Identifíquese con el probable estado mental del ofensor. Comprenda su historia aunque a la vez no tolere sus actos.
6. Pase algún tiempo desarrollando una mayor compasión hacia el ofensor.
7. Piense que usted ha necesitado el perdón de otras personas en el pasado.
8. Haga una sincera resolución de no pasar a otros su propio dolor.
9. Pase tiempo apreciando el sentido de propósito y dirección que resulta tras los pasos 1-8.

10. Disfrute del sentido de alivio emocional que resulta cuando la carga de un rencor se ha disipado. Disfrute también del sentimiento de buena voluntad y misericordia que usted ha demostrado.

Si ciertas cosas eran verdad bajo la ley mosaica, ¿cuánto más se promete ahora que Cristo ha venido y la ha cumplido?

Hay una frase maravillosa en el libro de Hebreos: "¿cuánto más?" (Hebreos 9:14; 10:29). Lo que el escritor quiere decir es que si ciertas cosas eran verdad bajo la ley mosaica, ¿cuánto más se promete ahora que Cristo ha venido y la ha cumplido?

A mí me parece que si el mundo secular está comprendiendo las enseñanzas de Jesús —aun cuando no lo reconozcan a Él ni al Espíritu Santo— y sacando beneficios de esa enseñanza, ¿*cuánto más* deberíamos los cristianos experimentarlo? Si los no cristianos pueden encontrar paz debido a que es mejor para su salud, ¿*cuánto más* deberíamos usted y yo —que queremos agradar a Dios y honrar al Espíritu Santo— aceptar esta enseñanza con todo nuestro corazón? Sin duda alguna nos deja sin excusa.

Lo más profundo que he oído nunca decir a Joni Eareckson Tada es esto: "Yo soy cristiana no a causa de lo que eso hace por mí sino porque es verdad". Nosotros deberíamos creer la enseñanza de Jesús porque es verdad.

Pero también funciona. Deje que el pasado sea pasado... de una vez y para siempre.

NOTAS

INTRODUCCIÓN

1. Susan Pape, "Can You Learn to Forgive?" (¿Se puede aprender a perdonar?), *London Daily Express* (5 de junio de 2000).
2. Gary Thomas, "The Forgiveness Factor" (El factor perdón), *Christianity Today*, vol. 44, n. 1 (10 de enero de 2000): 38.
3. Ibíd.
4. Ibíd.

CAPÍTULO 1: ¿QUÉ ES EL PERDÓN TOTAL?

1. Corrie ten Boom, *The Hiding Place* (G. K. Hall, 1973).
2. William Shakespeare, *Otelo*, Acto III, Escena iii, líneas 183-187.

CAPÍTULO 2: CÓMO SABER QUE HEMOS PERDONADO TOTALMENTE

1. Dale Carnegie, *How to Win Friends and Influence People* (Cómo ganar amigos e influir en la gente), (Simon and Schuster, 1937).

CAPÍTULO 3: EL PADRENUESTRO Y EL PERDÓN

1. "In Evil Long I Took Delight" (Por mucho tiempo me deleité en el mal), de John Newton. De dominio público.

CAPÍTULO 6: EL ARTE DE PERDONAR Y OLVIDAR

1. "Jim and Tammy Faye Return to TV, *Larry King Live* (Jim y Tammy Faye regresan a televisión, Larry King en vivo), episodio emitido el 29 de mayo de 2000. Transcripción obtenida en Internet: www.cnn.com/TRANSCRIPTS/0005/29/lkl.00.html.

CAPÍTULO 7: CÓMO PERDONAR: TOTALMENTE

1. "Jim and Tammy Faye Return to TV, *Larry King Live*.
2. "How Firm a Foundation" (Cuán firme fundamento), de *Selection of Hymns* de John Rippon, 1787. De dominio público.

CONCLUSIÓN

1. Pape, "Can You Learn to Forgive?" (¿Se puede aprender a perdonar?).

PRESENTAN:

Para vivir la Palabra

www.casacreacion.com

PEGGY JOYCE RUTH

Te invitamos a que visites nuestra página web, donde podrás apreciar la pasión por la publicación de libros y Biblias:

www.casacreacion.com

Para vivir la Palabra